La Santa Muerte

y Otras Historias Reales

La Santa Muerte

y Otras Historias Reales

Francisco Domínguez de la Rosa
Carlos Alberto Guzmán Rojas
Roberto Contreras Esparza

Grupo Editorial Tomo, S.A. de C.V.
Nicolás San Juan 1043
03100 México, D. F.

1a. edición, septiembre 2004.

Nicolás San Juan 1043, Col. Del Valle
03100 México, D.F.
Tels. 5575-6615, 5575-8701 y 5575-0186
Fax. 5575-6695
http://www.grupotomo.com.mx
ISBN: 970-775-022-7
Miembro de la Cámara Nacional
de la Industria Editorial No 2961

Diseño de portada: Trilce Romero
Formación tipográica: Luis Raúl Garibay Díaz
Supervisor de producción: Leonardo Figueroa

Impreso en México - *Printed in Mexico*

Índice

Introducción

El mundo de lo paranormal nos inquieta, nos aterra, pero también nos atrae. El solo hecho de imaginar que en algún tiempo entidades que ahora deambulan de forma espectral y que son reportadas en diferentes zonas, en cierto momento de la vida estuvieron entre nosotros, nos hace especular un mundo de posibilidades para adentrarnos a esos pensamientos tétricos y fantásticos que todos tenemos en la mente. Lo cierto es que nos gusta escuchar este género de historias aunque nos espanten, y de alguna manera disfrutamos de ese "masoquismo" de ultratumba.

En este documento hemos recogido algunos hechos que de cierta forma se investigaron directamente. Se habló con los involucrados, se visitó la zona del suceso y cuando fue posible, se obtuvo la evidencia de esos casos con imágenes fotográficas, pruebas que pueden ser analizadas, cuestionadas y hasta desechadas, pero que no dejan de ser el único lazo directo de los testigos con ese mundo etéreo y abstracto del que tanto se especula y que difícilmente se puede sustentar con evidencias, con fundamentos. Todos podemos hablar de fantasmas, pero es más convincente cuando se pueden mostrar pruebas, las cuales se convierten para esos protagonistas involuntarios que por extrañas circunstancias se ven envueltos en este tipo de vivencias, en su total, real y directo enlace. Es el único testimonio con la otra realidad, que todos en cierto momento de nuestras vidas sentimos e intuimos, la que está en algún sitio, en ese lugar hipotético al que también nombramos... El más allá.

Aquí presentamos varios relatos que consideramos interesantes. Todos con detalles inexplicables que nos hacen pensar y que nos acercan a ese mundo de lo enigmático, ese mundo que podría abrir sus puertas en cualquier momento a personas comunes como usted y como nosotros.

Las narraciones, los testimonios, son vivencias que hablan de esa interacción con la zona X que se intuye, pero que no sabemos en dónde se encuentra. En algunos casos, podríamos pensar que la respuesta se puede encontrar en la casualidad, en la psicología, en el desconocimiento de los hechos y circunstancias. Pero finalmente, usted lector, tiene la última palabra:

lea los testimonios, analícelos y saque sus propias conclusiones..

Esta clase de historias no terminarán de sucederse ya que perdurarán y seguirán acompañando a la historia de la humanidad en este nuevo siglo XXI, porque son parte de la misma esencia humana y sus misterios milenarios.

Roberto Contreras Esparza

La misteriosa imagen en la T. V.

(Remembranzas del Otro Mundo)

En las crónicas de los estudios de la parapsicología de mediados del siglo XIX, la fotografía de espíritus o fotografía psíquica, aparece como un elemento muy importante en la investigación, ya que no sólo se fotografiaban humanos fallecidos o sitios en donde se decía que había fantasmas, sino que también se intentaba captar objetos invisibles con la supuesta ayuda de los mismos espíritus. Por aquellos años, cuando se manifestaban figuras extrañas en alguna toma, se les llamaba "extras" y consistía en la aparición de imágenes de origen paranormal que se impregnaban en las fotografías.

Para los creyentes en la vida después de la muerte la posible explicación más lógica estaba basada en que los fallecidos buscaban la manera de expresar o comunicar algún tipo de mensaje, o bien, mostrar la realidad de la existencia de vida en el más allá. Sin embargo, gran parte de los investigadores de la psíquica contemporánea albergaban el punto de vista sustentado en que estos fenómenos llamados "extras" eran originados por la llamada "psicokinesia" que no era otra cosa que la manifestación de la mente sobre la materia. Así pues, se podía explicar que de alguna forma los pensamientos de los mismos fotógrafos y presentes quedaban registrados en las placas y negativos de sus cámaras, siendo esta una posible respuesta a esas enigmáticas y desconcertantes manifestaciones captadas en fotografías.

Buscando la evidencia

En la actualidad este tipo de hechos anómalos se siguen registrando con diferentes nombres y otras definiciones; el fenómeno persiste y al igual que en aquellos tiempos, sigue siendo un enigma para quien los estudia y mayormente para la gente común que los vive. Es hasta cierto punto "frecuente" que al tomar una foto se presenten en la toma raras e inexplicables imágenes que el protagonista nunca vio. Una buena cantidad de supuestos seres fantasmagóricos se han descubiereto de esta forma: las explicaciones y razones del suceso varían de acuerdo a las circunstancias de quienes viven estas experiencias. Como un claro ejemplo de lo que aquí se ha escrito, les presentamos el siguiente caso...

Este relato sucedió en cierta colonia del Municipio de Ecatepec, Estado de México. Su protagonista es una joven mujer de 22 años de nombre Michel, quien nunca imaginó adentrarse al mundo de lo paranormal de una forma tan fortuita y que, además, le permitió vislumbrar un poco sobre ese otro inexplicable mundo, haciéndole comprender que hay algo que supera nuestros sentidos, algo que está ahí y que cohabita con nosotros más allá de lo material y cotidiano de nuestras vidas.

Todo comenzó con una serie de fotografías que la protagonista se tomó con la intención de tener un recuerdo de su primer embarazo... Nosotros buscamos y contactamos a esta persona cuando cierto amigo, que sabía a qué nos dedicábamos, nos informó que existía una rara fotografía que podría interesarnos. Me contó algo sobre el suceso y, en especial, sobre dicha imagen. Enseguida nos proporcionó algunos datos con los que podríamos intentar encontrar a Michel, la muchacha de la foto, e iniciamos las indagaciones convenientes. Localizamos a la portagonista después de varias semanas. Al presentarnos ante Michel y después de ganarnos su confianza, logramos que nos hablara del caso, nos mostrara la fotografía, y que nos narrara detalladamente cómo fue que se le presentó este hecho de connotaciones paranormales. Después de varias citas ahondando en lo sucedido, comprendimos que según los hechos fueron así...

La historia de una imagen fantasma

Todo comenzó a mediados del año del 2001, cuando la protagonista principal de este hecho decidió tomarse varias fotografías con el fin de conservar un recuerdo de su embarazo. Fue un sábado por la noche, al llegar Michel de su trabajo, que decidió tomarse las fotos. En su hogar se encontraban su mamá, su tía, quien tomó las fotografías, y ella. El reloj marcaba las 8:30 horas, cuando Michel se preparó y acomodó cerca de ella varios cambios de ropa que iba a necesitar. Para la sesión fotográfica se utilizó un rollo de 24 fotos de 135mm, en una cámara sencilla de foco fijo marca Kodak.

Del rollo se tomaron 11 ó 12 fotos en ese momento (las demás se utilizaron después para otro tipo de asuntos). Hasta este momento todo era normal. Las tomas fueron realizadas por su tía mientras que la mamá (de Michel), preparaba la cena. La sesión fotográfica transcurrió rápido y de forma normal.

Días después, al recibir las fotografías ya impresas, la hermana menor de Michel se dio cuenta al observarlas detenidamente de que en dos de ellas se apreciaba un raro rostro en la pantalla de la televisión (apagada). Esto se le hizo muy extraño y tomando en cuenta la condición delicada por el embarazo de Michel, no se las mostró en seguida, decidiendo enseñárselas primero a su mamá y a su tía. Ésta última comprendió que se podría tratar de algo malo y después de revisar minuciosamente las imágenes llegaron a la conclusión de que no era normal, pero no se lo comentaron a Michel.

Entra a la historia un santero

El hecho les incomodaba y pensando que podría tratarse de algo serio se lo consultaron a una mujer que se dedicaba a este tipo de situaciones. La mujer curaba, adivinaba hechos y manejaba las llamadas ciencias ocultas. Hablaron con ella del suceso y de común acuerdo concluyeron que Michel debía saber lo que ocurría, por lo cual se concertó una cita con ella. Cierto día por la noche llegó a la casa de Michel la muchacha acompañada de un señor que se identificó como un "santero". Una vez que se comentó lo sucedido, el señor decidió limpiar la casa y hacerle otra limpia a nuestra protagonista, ya que podría tratarse de un trabajo de brujería.

Michel aceptó, porque cuando vio las fotos y después de platicarlo, pensó que le querían hacer daño, y que el mal podría alcanzar al hijo que estaba esperando, cosa que les extrañó, ya que no sabían de alguien que quisiera hacerles ese tipo de daños.

Tratando de sacar más datos sobre lo sucedido, le preguntamos a Michel si tenía enemigos o si ya había sucedido algo raro o de este tipo en su familia. Michel nos comentó que días antes su tía le había dicho que asustaban en la casa, y que incluso cierta noche vivió una escalofriante experiencia cuando en la madrugada despertó gritando; aseguraba que en una esquina del cuarto frente a su cama, había un señor de aspecto grande y barba blanca que la miraba fijamente.

Según la tía le contó a Michel, que no podía moverse ni gritar y pudo apreciar que ese hombre trataba de acercarse a ella y quería tocarla. Gritó como pudo y la imagen se desvaneció. Pero este tipo de eventos los sufrían también otros miembros de la familia y muchos de ellos eran de difícil explicación.

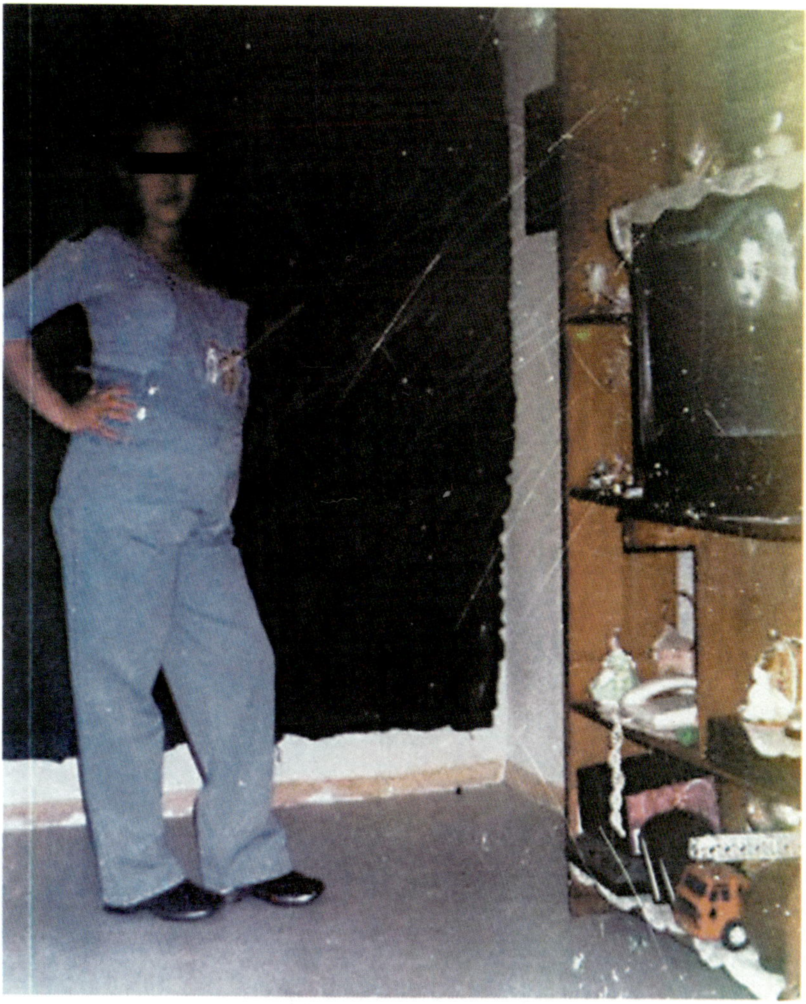

Fotografía que se tomó Michel
el día de la manifestación.

Aquí se aprecia el enigmático rostro
que parece ser de una mujer.

¿De dónde venía esa imagen?

Por algún tiempo los extraños fenómenos siguieron manifestándose en casa de Michel. Incluso, cuando los curanderos limpiaron la casa, el santero aseguró que vio salir una silueta, cosa que les hizo pensar que el mal ya se había marchado. También se les dijo a los afectados, que la imagen que apareció en la pantalla del televisor era un aviso de que el mal estaba presente. Después de esto, los raros sucesos dejaron de presentarse o ya no eran tan continuos. Tiempo después Michel decidió cambiarse de vivienda y al parecer el fenómeno terminó.

Para nosotros lo importante era la imagen que había aparecido en su televisión y necesitábamos más datos para averiguar si podría tratarse de un fenómeno sobrenatural o era de otra índole. En varias ocasiones le preguntamos a Michel si no había dejado prendida su televisión y nos respondía tajantemente que no, que en aquel momento no quería tener nada que les distrajera o que provocara más luz que pudiera arruinar las tomas. Analizamos minuciosamente sus fotografías y los negativos en computadora, ampliando, utilizando filtros y limpiando la imagen, llegando a la conclusión de que ese rostro estaba ahí, y que era un rostro de mujer.

Así pues, pudimos confirmar que este tipo de suceso es más común de lo que imaginamos, que tal vez (con mentalidad escéptica) se pudiera pensar que a la hora de tomar las fotografías Michel dejó la televisión encendida sin darse cuenta, o que verdaderamente el rostro era un aviso de cierto hechizo de un trabajo de brujería que afectaba a los familiares de Michel, como lo afirmaban los curanderos.

Finalmente, también podríamos pensar que se trató de una de esas manifestaciones que de vez en cuando irrumpen en nuestro mundo, en nuestra realidad y se hacen presentes trastocando y activando un sin fin de sentimientos que nos llevan a la reflexión, a entender que algo más allá de nuestros sentidos cohabita con nosotros y esporádicamente se manifiesta de diferentes formas y en diferentes momentos como claras remembranzas del más allá.

¡El niño que espanta!

El siguiente relato tiene varios aspectos interesantes.

Cuando a una persona le acontece algo fuera de lo normal y nos lo cuenta, uno puede pensar que es producto de su mente loca, que está alucinando; pero cuando son varias las mentes locas las que están involucradas en el mismo fenómeno, entonces uno se hace la siguiente pregunta: ¿Será cierto lo que está pasando? De entrada sí da algo de miedo que resulte "CIERTO". Pues bien, hecha esta reflexión, si me permiten daré comienzo a la siguiente historia.

Fidel, uno de los testigos, dice al comenzar su testimonio que al personaje que espanta le dicen "el niño del panteón". Mi pregunta inmediata fue: ¿por qué ese calificativo? La respuesta fue la siguiente: "Es que en la cuadra de enfrente se encuentra el panteón Español, y de allí suponemos que viene ese 'SER' a perturbarnos".

Fidel platica que en una ocasión que llegó a su trabajo como a las 5:15 de la mañana (que es en una gasolinera), subió al segundo piso, donde están los baños, para cambiarse de ropa y comenzar su faena de trabajo. Al entrar se le hizo raro que las regaderas de los baños se encontraran abiertas. Él pensó que alguno de sus compañeros se estaba bañando, por lo que preguntó a los que estaban abajo si había alguien en las regaderas. La respuesta fue que no. A pesar de lo que le dijeron sus compañeros, Fidel subió al siguiente nivel, y aprovechó para cambiarse de ropa, queriendo cerciorarse a la vez de que no se encontraba nadie en ese piso. Para su sorpresa, y para su preocupación, no había tampoco ser alguno en aquel lugar.

Cuando Fidel bajó ya listo para trabajar, se encontró con los veladores que laboraban en ese momento, preguntándoles a los tres, a José, Trinidad y Fernando (que por cierto son hermanos), que si ellos habían abierto las regaderas. La respuesta fue que "no".

Aquí hay un dato interesante. Fidel comenta que cuando sube por primera ocasión a los baños y nota que las llaves de las regaderas están abiertas, las cierra; "los cristales de las ventanas debido al vapor acumulado, se encontraban empañados". Después de platicar con los veladores, recuerda Fidel que algo se le olvidó donde se vistió, así que vuelve a subir y ¡oh, sorpresa!, nadie había entrado a los baños; "los cristales de las ventanas se hallaban totalmente transparentes, nadie los había limpiado, además el vapor había desaparecido". ¿Qué pasó? Nadie se explica lo allí acontecido.

Resulta que en ese mismo lugar, se han dado otros casos bien curiosos. Por razones de trabajo algunos de los empleados, tres o cuatro, se quedan a dormir en la gasolinera. Simplemente tienden cartones en el piso para descansar en la noche. Saúl es uno de los que en ocasiones se quedan a dormir ahí. Una noche sintió que alguien le jalaba la barba, cosa que le molestó, entonces le reclamó a uno de sus compañeros que dejara de estar molestándolo, que ya no le jalara su barba. Para esto, su compañero le dijo que para nada le había molestando. Yo pregunto, ¿en verdad espanta ahí "el niño del panteón"?

Cuenta otro de los trabajadores que un mes de diciembre, como a eso de las 5 de la tarde, le dio frío y subió por su suéter, aprovechando para pasar a "hacer del baño". Se encontraba sentado haciendo sus necesidades cuando escuchó que alguien subía por la escalera de caracol (que es de herrería); preguntó quién era, pero no contestó nadie. Después escuchó que pateaban los casilleros que son de metal. En cuanto termina de hacer sus necesidades, se pone el suéter, baja a la zona de trabajo, pregunta quién subió a los baños y resulta que nadie estuvo en ellos, y por consecuencia, nadie subió por las escaleras. ¿Qué pasa en esa gasolinera? Nadie tiene una respuesta, pero todos se preocupan.

Otra persona, trabajador del mismo negocio, nos contó que una mañana que se encontraba desayunando, de repente alguien le aventó un cigarro apagado. Se asomó a ver quién le había hecho la maldad, pero no había nadie, se encontraba "él solo".

Además desde la zona donde ellos atienden a los clientes se ven las ventanas donde se encuentran los casilleros. Para el nerviosismo de todos ellos, en las noches se nota "cómo se prenden y se apagan las luces de aquellos cuartos", sin que haya persona alguna en ellos.

Pregunté por qué le dicen "el niño del panteón". Fidel me respondió que porque luego juegan a la pelota cuando tienen la oportunidad, y que cuando no, la dejan en algún lugar, pero que curiosamente de repente se mueve sola. Piensan sus compañeros que es probable que sea el viento quien la lleva de un lado para otro, y otros creen que es "el niño del panteón". Yo, quien escribe la presente historia, para dormir a gusto, digo también que es el viento el que mueve aquella pelota. Si usted, lector, opina lo contrario, espero que concilie pronto su "SUEÑO".

El aparecido de los "Baños de Neza"

Al protagonista de esta historia lo llamaremos Raúl. Él era dueño de unos baños en Ciudad Nezahualcóyotl. Un día, como a eso de las siete de la noche, Raúl se encontraba haciendo cuentas. A esa hora ya no había nadie en los baños.

Raúl se hallaba concentrado en lo que estaba haciendo cuando de pronto vio en los pasillos a una persona parada frente a él. Le preguntó que quién era. No le contestó. De nueva cuenta hizo la misma pregunta, y como respuesta sólo hubo "un silencio extraño".

El mencionado señor se alteró al no recibir respuesta, y entonces recordó que tenía allí una pistola. La sacó y una vez más preguntó que quién era. La respuesta siguió siendo "aquel silencio". Sin pensarlo mucho tiempo, dejó ir un balazo y otro y otro. El señor Raúl se dirigió a donde se encontraba aquella supuesta persona, y no había nadie, las balas se encontraban incrustadas en los muros.

Al día siguiente les preguntó a los empleados si alguien le había querido jugar una mala broma, por lo que había sucedido. Ellos contestaron que a él, como patrón, cómo le iban hacer una broma de esa naturaleza.

Uno de los empleados de más edad le dijo al señor Raúl, que cuando volviera a sucederle algo semejante, no se detuviera; que caminara; que no se quedara parado, "porque es la muerte que viene por alguien, y ése puede ser usted".

Este señor, que era una persona de edad, le platicó al patrón que anteriormente, en el lugar donde se encuentran los baños, "HABÍA UN PANTEÓN".

Entonces, si cuando el señor Raúl tiró los balazos no había nadie en ese lugar... ¿quién era...? ¿LA MUERTE?

¿Has saludado sólo a losvivos?

En una ocasión una persona de nombre Rael caminaba por el centro de la capital de México, en el centro del Distrito Federal, y dice que se encontró a un amigo de la infancia, de nombre Miguel, cerca de la Torre Latinoamericana, edificio que se encuentra entre Madero y el Eje Central.

Se saludaron con mucho agrado, platicaron un rato, e hicieron intercambio de números telefónicos. Como aquella plática fue imprevista quedaron de verse posteriormente para ir a tomar un café, o bien a cenar.

Pasó algún tiempo y se acordó Rael del amigo que hacía como quince días se había encontrado en el Centro y se dijo, "le voy a hablar por teléfono, para saber cómo está. Me gustaría platicar con él un rato".

Además, como aquel encuentro fue tan repentino, Rael no supo ni en qué trabajaba su amigo. Él sólo mencionó en aquella ocasión que estaba trabajando por el Centro, mas no en qué. Así que Rael encontró esto como pretexto para justificar su llamada telefónica.

Así pues, marcó el número que le dio su amigo —efectivamente, empezó a llamar—, esperó un momento, le contestaron y Rael le preguntó:

—¿Quién habla?

—Julio—contesta una voz del otro lado. Rael le dice:

—¡Ah!, entonces eres el hermano de Miguel—. La voz contesta afirmativamente y Rael le comenta:

—Hace un buen rato que no nos vemos—. Julio responde:

—Así es.

Estuvieron conversando un rato y después Rael le dice a Julio:

—Sabes, busco a tu hermano, ¿está en casa?

Rael le contó que hacía unos días se había encontrado a Miguel en el Centro; que le proporcionó su número de teléfono y que tenía deseos de saludarlo. Finalmente, Rael le preguntó si estaba su hermano en casa en ese momento.

Se hizo un silencio por parte de Julio, quien después habló titubeante:

—...Francamente,...no sé qué decirte Rael.

—¿Decirme? ¿Qué?—preguntó Rael.

—Que es imposible que mi hermano te haya dado el número de teléfono de la casa, y no sé cómo pudo platicar contigo porque mi hermano Miguel... ¡hace un año que MURIÓ!

Ahora yo me pregunto, será cierto que los amigos que se nos adelantan con la MUERTE, en ocasiones se cruzan en nuestro camino, ¿para saludarnos?

La abuelita "traviesa"

La siguiente historia real le fue narrada a mi esposa por un médico amigo suyo, quien le pidió permanecer en el anonimato, por lo que respetando su decisión, para efectos de este relato, le llamaremos doctor Saúl.

Cuenta nuestro amigo que durante sus años de estudiante universitario, en cierta ocasión, al bajar de un transporte público se encontró a una viejecita que él conocía y que llevaba consigo un par de bolsas de mandado. Al darse cuenta que el peso de las bolsas abrumaba un poco a la anciana, se ofreció a ayudarle a cargarlas y a acompañarla hasta su casa, la cual no quedaba tan lejos de su propio domicilio. Más tardó el futuro doctor en tomar las bolsas de la abuelita y entregarle, a su vez, los pocos libros que llevaba, que la mujer en aligerar el paso y adelantarse algunos metros rumbo a su casa.

También nos comentó el doctor Saúl, que no notó nada en la viejecita que le llamara la atención, pero lo que recordaba con precisión es que a medida que avanzaban y se acercaban a la casa de la anciana, las bolsas «de mandado» que él llevaba cargando se iban haciendo más pesadas, aunque en realidad nunca vio el contenido. Él sentía que a cada paso le costaba más cargarlas y que incluso parecía que iba caminando cuesta arriba cuando en realidad la calle estaba perfectamente plana.

En poco tiempo, aquella mujer estuvo casi una cuadra completa adelante de él, por lo que cuando llegó a su casa no se preocupó por esperarlo, entró y cerró la puerta. Saúl vio este gesto con agradecimiento pensando que probablemente la viejecita le ofrecería un vaso de agua, ya que el ambiente estaba bastante caluroso; el solo imaginar la frescura del agua le hizo apresurar el paso, aunque no sin esfuerzo de su parte.

Cuando por fin llegó a la casa de la venerable anciana, depositó su carga en el suelo y tocó el timbre... ¡nadie respondió a su llamado! Decidió tocar más veces y con un timbrido más prolongado... Nuevamente, el silencio fue todo lo que obtuvo por respuesta y comenzó a preocuparse. "¿Acaso la anciana tenía una deficiencia auditiva?", se preguntó. "Nunca he tenido que elevar el tono de mi voz para hablar con ella", recordó, y descartó enseguida la idea de una posible sordera. Entonces se le ocurrió que quizá se había quedado dormida, cansada de la compra del mandado, por lo que ahora hizo los timbrazos más fuertes y más largos, muestra de la desesperación que el joven estudiante comenzaba a sentir.

El escándalo de los timbrazos llamó la atención del encargado de la tienda que se encontraba a un lado de la casa de la anciana y que salió a averiguar qué sucedía. Al ver a Saúl tan desesperado, le preguntó:

—¿Por qué toca usted con tanta insistencia?

—Disculpe, señor, es que la viejecita que vive aquí se quedó con mis libros.

—Ay, joven, eso no puede ser. Esta casa está abandonada desde hace tiempo.

En ese momento el estudiante universitario notó que efectivamente la casa tenía ciertos indicios de abandono como basura regada por el patio, y que el pasto llevaba varias semanas de no haberse cortado, pero no le dio demasiada importancia.

—No señor —respondió nuestro amigo—, acabo de acompañar a la anciana que vive aquí porque le ayudé a cargar las bolsas de su mandado y ella traía mis libros.

—No, joven, seguramente usted está confundido, pues la única persona que vivía en esta casa murió hace algunos meses, y desde entonces el inmueble está abandonado.

—No puedo estar confundido cuando sus bolsas están aquí y yo no tengo mis libros. Además, la vi entrar por esta puerta.

—Mire, vamos a hacer una cosa: la portera del edificio de los departamentos que están en la esquina tiene las llaves de esta casa porque uno de los parientes de la difunta le pidió que cuidara el inmueble mientras arreglaban lo del testamento.

—Estoy de acuerdo, aunque no me agrada la idea de introducirme a una casa sin el consentimiento del dueño, pero soy estudiante de medicina y necesito mis libros porque mañana tengo un examen.

Ante la visible angustia del ahora doctor Saúl, el tendero llamó a su hijo para que se hiciera cargo de la tienda y se dirigió al edificio de la esquina a pedirle a la portera las llaves de la casa.

Cuenta el doctor Saúl que en cuanto abrieron la casa, una ola de frío le invadió el cuerpo a tal grado que los dientes le castañetearon, aunque nos confiesa que no está seguro si le castañetearon de frío o de miedo porque efectivamente encontró sus libros en la mesa del comedor, pero no había nadie dentro de la vivienda. Antes de que el tendero y la portera pronunciaran palabra alguna, el joven tomó sus pertenencias y emprendió la carrera rumbo a su casa.

Estamos seguros de que esta historia coincidirá con otras similares que habrán llegado a sus oídos, querido lector.

"La Santa Muerte, entre la fe, sortilegios y milagros"

¿Una señal del más allá?

La Muerte, una palabra que en cierto grado causa respeto, temor y reflexión. La Muerte es lo único seguro que tenemos en esta vida. Un concepto muy especial para el pueblo mexicano que incluso la celebra y reverencia a inicios del mes de noviembre. Pero también, la imagen de la Muerte se ha transformado para convertirse en una entidad de veneración. Se cree que sólo pertenece a la gente marginada, que es un culto popular, un culto para delincuentes. Aun así, en México desde hace tiempo, la devoción por la Santa Muerte ha ido cobrado gran auge. De algún modo podríamos pensar que las antiguas creencias entre santos y divinidades ya no cumplen con ciertos preceptos de fe y han sido suplidas poco a poco. De este modo, novedosas y exóticas imágenes que anteriormente se tenían como un concepto, ahora son de gran importancia para esos miles de seguidores que buscan en estos nuevos iconos respuesta a sus necesidades. Así, de esta forma la Santa Muerte, ha sustituido como una fuerte y renovada creencia (pagana), a esos santos que ahora ya no son tan solicitados, tan milagrosos.

Como un claro ejemplo, tal vez de muchos que hay en México, de esta feria de idolatría, les presentamos el siguiente caso, en donde los personajes involucrados se encomiendan a esta "nueva" deidad, la Santa Muerte (que por cierto, no es reconocida por la iglesia establecida), para pedir su intervención y la cura de los protagonistas, en un momento difícil por el que pasaban cierto día del mes de enero del año 2004... He aquí este interesante relato.

Parecía un día normal

El día 10 de enero del 2004, sucedió un hecho insólito en la casa del señor Ricardo Sánchez Conde, cuando él regresaba a su domicilio ubicado en una calle de la colonia Santa Julia del Distrito Federal. Resulta que lo que parecía ser un día normal se convirtió en un hecho que cambiaría su forma de pensar y cimbraría sus cimientos religiosos.

Llegando a su domicilio, nuestro protagonista, encontró para su sorpresa que su mujer de nombre Marina Ramírez Martínez, se encontraba en la cama quejándose intensamente de un fuerte dolor, que le recorría de la cabeza a los pies. Al preguntarle qué sucedía, la señora Marina le platicó a su esposo que desde hacía ya varias horas le había dado un intenso dolor que incluso le hacía perder el equilibrio hasta sentirse desmayar.

Alarmado por los gritos de la mujer que con lágrimas en los ojos le pedía ayuda, y desesperado sin saber qué hacer, se dirigieron en busca de la dirección de un doctor, el más próximo. La situación subió de nivel cuando la señora Marina, en medio de su dolencia comenzó a gritar... ¡Ya, por favor, déjenme en paz!, ¡yo no le he hecho nada...!

Esto alarmó aún más al señor Ricardo, pues veía que su mujer parecía estar dialogando con alguien, alguien al que no miraban. Don Ricardo se aproximó a su mujer y en voz baja le preguntó, que por qué decía eso o a quién estaba viendo.

Doña Marina, con visible dificultad para expresarse, le dijo a su esposo que ahí había tres personas más vestidas de negro que no conocía y que le decían que se fuera con ellos, a un lugar, a un sitio en donde no sufriría.

Don Ricardo pensó que el mal de su esposa era mayor porque además estaba desvariando. Se apresuró a arreglar lo necesario, y en compañía de algunos familiares llevaron a la mujer a un médico, pues suponía que su enfermedad sería curada ahí. El señor Ricardo recuerda que su mujer no padecía de nada alarmante y que ese día por la mañana, cuando se despidió de ella, la había dejado bien, por lo que no comprendía qué estaba ocurriendo.

El médico no encontró nada anormal

Ya en la clínica, el doctor que estaba de turno la revisó. Esto tardó más de una hora, enseguida, entre varios médicos a los que se les consultó y después de una revisión minuciosa con los aparatos requeridos, el medico salió a la sala de espera en donde encontró visiblemente impaciente al señor Ricardo y a familiares, para informarle que a su mujer se le había suministrado un sedante, pero que no habían encontrado nada fuera de lo común, que su esposa estaba bien y que no entendían qué le sucedía a la señora, sugiriéndole que el mal podría ser de otra índole.

Con un sedante suministrado a la mujer, la familia regresó a casa. Notaron que en su vivienda había cierto aroma fuerte e indefinido que nunca identificaron. El dolor había disminuido y supusieron que ya no habría más problemas. Sin embargo, cuando dormían, como a las 2:45 de la madrugada, el dolor, las molestias volvieron y esta vez con más fuerza.

La señora Marina en medio del llanto le pedía a su esposo que la ayudara, que le quitara ese dolor insoportable. Sin saber qué hacer, con miedo y desconcertado, don Ricardo pidió ayuda a unos vecinos, los cuales llegaron a tratar de auxiliar a la señora. Ese momento fue muy difícil y el matrimonio afectado logró pasar la noche como pudo.

Muy de mañana, se presentó un familiar de doña Marina: su prima de nombre Guadalupe. Ya le habían comunicado lo que ocurría y llegó hasta ahí con el propósito de socorrer a su pariente. Sabía cuáles eran los síntomas y le platicaron lo que le había dicho el médico, por lo que supuso que se trataba de algún mal, un trabajo negro, "un trabajo de brujería" que sospechaba, le habían preparado a su prima, pues en el pasado había tenido dificultades con una vecina, además de que existían muchas envidias por parte de otras vecinas.

La señora Guadalupe hizo un par de llamadas y le comunicó a su prima que ya había concertado una cita. Ésta era con un señor que se dedicaba a curaciones... a quitar males de esos que quienes conocen dicen que son de "maleficio". Se lo comunicó al señor Ricardo y entre los dos convencieron a la afectada para que accediera a ir con el curandero que trataría de aliviar su mal. Más obligada por el dolor que por la convicción, se dispuso la señora Marina a ser tratada por el "chamán". Su formación religiosa no le daba espacio en su mente para tratar temas de este tipo. Pero con todo y eso accedió.

Aparece un curandero de gran popularidad

Ya en la casa consultorio del curandero, que por cierto gozaba de buena fama en la región, una persona alta, fuerte de aspecto provinciano en cuyo rostro estaba marcada su edad. Le platicaron lo que había sucedido y las características de las molestias que aquejaban a doña Marina.

Los protagonistas se dieron cuenta después de varios minutos que había muchas imágenes y altares por toda esa casa y que al parecer, en ese lugar se adoraba a la Santísima Muerte. Era un lugar con una gran cantidad de iconos religiosos, un sincretismo que era parte de y para las curaciones.

El brujo o curandero, mostraba un raro fervor religioso, mezcla extraña de un inaudito culto moderno y ancestral, con deidades y santos de México y otras más del extranjero e incluso de otras religiones. Le explicó a la afectada la manera en que trabajaba y la forma de cómo debía de encomendarse a la Santa Muerte, para pedirle que intercediera por ella y sus pacientes que llegaban a él con males y hechizos difíciles de erradicar. El curandero tenía como patrona e imagen tutelar a la "Muerte" con la que aliviaba a la gran cantidad de personas que llegaban a su hogar en busca de algún tipo de alivio.

Con mucha desconfianza y apresurada por la próxima aparición de nuevos e intensos dolores, doña Marina se preparó para su primer curación. don Ricardo recuerda que el curandero, de nombre Pedro, preparó a su mujer, pidiéndole que repitiera ciertas frases o rezos en silencio que no pudo escuchar.

Con muchas yerbas y en medio de aromáticas lociones dio inicio el tratamiento. Primero la revisó, le preguntó cosas que parecían no tener sentido ni razón. Y en medio de raras oraciones y palabras, que según el señor Ricardo parecían insultos e invocaciones, le hizo su primera curación.

Al terminar, don Pedro se veía agotado, como enfermo, y les comentó que había luchado contra alguien poderoso, pero con la ayuda de la Santísima Muerte saldrían adelante. Y así finalizó la primera curación.

Se pidió una señal

En la noche, y ya en su casa, con cierta confianza y mucho más serena, la señora Marina platicaba con su esposo sobre varios aspectos de la curación y también del otro extraño mundo mágico que hasta entonces era desconocido para ellos. El señor Ricardo le preguntó a su mujer que cómo se sentía, que si habían cedido los dolores y también sobre lo que le había intrigado todo el día... ¿Qué había platicado en silencio en medio de oraciones con don Pedro el curandero? La señora le contó que ese señor le había dicho que la iba a tratar de aliviar, que serían tres limpias o curaciones, pero que si se complicaba podrían ser más, porque el hechizo que tenía era muy poderoso y sobre todo que se encomendara firmemente a la Santa Muerte, que no le diera miedo, ya que de otra forma nada de eso resultaría y le remarcó que si todo salía bien, ella, la Santa Muerte les daría algún tipo de signo, una señal.

Y así llegaron a su segunda limpia. Era viernes un día para curar, según los que saben de esto. El mismo ritual fue llevado a cabo, don Pedro le comunicó al matrimonio que estuvieran atentos y que cualquier cosa anómala se la contaran. Todo parecía normal y la protagonista de este hecho se sentía mejor, ya no había dolores, todo marchaba bien. Regresaron a su casa, platicaron, cenaron se dispusieron a dormir. El día siguiente transcurrió normal, y ya no le pusieron tanta atención al malestar que inquietaba a la señora Marina. Hicieron sus labores rutinarias y así pasó el día. Sin embargo, no esperaban ni imaginaban lo que ocurriría más adelante...

Llegada la hora de dormir, ya con la luz apagada, un raro olor invadió la casa de los Sánchez: era un aroma diferente, que inmediatamente inquietó a la señora. Como a las 11:20 de la noche se empezó a sentir un ambiente diferente en la casa, como si alguien más estuviera con ellos, como si ahí hubiera otra presencia. Minutos más tarde, doña Marina comenzó a quejarse: era el malestar que estaba de regreso. El dolor aumentaba como si la oprimieran, se sofocaba, no podía hablar. Su esposo se levantó muy alarmado; el reloj marcaba las 12:43 y no sabía qué hacer. Desesperado y asustado, se vistió como pudo, tomó a su mujer y salieron a la calle, pararon un taxi, y le indicaron al chofer la dirección, querían que los llevara al domicilio de don Pedro, que se encontraba como a 45 minutos de ahí.

Inicia la Gran Sanación

Ya en el domicilio del curandero, tocaron la puerta y después de varios minutos salió una muchacha joven, pariente de don Pedro. Le platicaron rápidamente la razón de su visita y le pidieron que llamara al señor. La muchacha se ausentó por un instante y cuando regresó les pidió que entraran, y les aseguró que el curandero los atendería en un momento.

Al ver a don Pedro sintieron cierto alivio, mismo que se vino abajo cuando este señor les dijo que no podía hacer nada por la señora Marina, ya que ese día (domingo de madrugada) no era día apto para curar; que si querían que las cosas dieran buenos resultados, tendrían que trabajar los días y horas indicadas, ya que de otra forma se rompería ese ritual.

Frente a don Pedro, le dio a la señora un ataque de dolor. Gritaba y hablaba con alguien a quienes ellos no veían, su dolor y sufrimiento eran impactantes.

El curandero pidió que la llevaran al cuarto en donde curaba. En medio de oraciones y extraños nombres, don Pedro se decidió a trabajar. "Este es un trabajo negro", repetía. En un ambiente de tensión y de preocupación dio comienzo la sanación, pero no sin antes encomendarse y pedir permiso a la Santa Muerte, por lo que iba a hacer.

Llamaron a tres personas (familiares de don Pedro) y con el señor Ricardo eran cuatro a los que se les indicó que unieran las manos alrededor de la afectada, formando una cadena: así inició la curación.

Aparece la señal

Después de rezos, yerbas y algo parecido a alabanzas, don Pedro utilizó un huevo, con el cual recorrió las partes en las que tenía más dolor la señora Marina. Esto le provocaba malestar, pero el sanador continuaba concentrado seriamente en lo que hacía. La limpia (si es que era eso), duraría como unos 18 minutos. Recuerdan nuestros personajes, que después, cuando terminó, sentaron a la afectada y acercaron un vaso de cristal que tenía agua hasta la mitad.

Ahí en medio de oraciones y maldiciones, Don Pedro rompió el huevo y trató de vaciarlo al vaso, pero algo se lo impidió porque el cascarón se partió en dos y una parte del mismo cayó al vaso con todo el contenido. Terminado todo este proceso, dejó el vaso sobre un mueble y se acercó a la señora para preguntarle cómo se sentía.

En ese momento, uno de los familiares del señor Pedro le gritó que volteara para que viera lo que se estaba formando en el vaso. Cuál no sería su sorpresa al distinguir perfectamente que en el vaso y con el huevo que había utilizado para tratar el mal, se había formado la imagen de la Santísima Muerte con la membrana del huevo. Inmediatamente el curandero gritó... "Es la señal, es la señal", un hecho que conmocionó a los protagonistas e hizo sentir en ese momento que en el ambiente había algo especial, algo que se percibía entre los que estaban presentes. Y tan misteriosamente como había llegado el malestar de doña Marina se fue, y poco a poco con el cuerpo adormecido se incorporó, pues se sentía mucho mejor. Horas más tarde, regresaron a su hogar. Esa noche durmieron bien y todo volvió a la normalidad. No podían creerlo, pero lo estaban viviendo. Todo estaba mejor.

Días después, ya sin dolor y con una gran confianza, la señora Marina y su marido visitaron a don Pedro para saludarlo y agradecerle por todo lo que había hecho por ellos. El señor Pedro le dijo a doña Marina que le iba a dar otra limpia, porque quería convencerse de su buena salud, de su recuperación total. Al terminar y vaciar el huevo en un vaso, éste salió limpio; ya no había el tinte turbio y oscuro de las limpias pasadas. Todo parecía estar bien. Al mirar el vaso y con aire de vencedor, con mucha confianza, don Pedro exclamó: "¡Señores, la señora Marina está curada, esto fue un milagro de la Santísima Muerte!..."

¿Cuestión de fe o real intervención?

Y esto fue lo que ocurrió, según el relato de un matrimonio que en cierto momento de su vida se enfrentó a un submundo que no conocía y que desde ese momento cambió su mentalidad y su forma de ver a sus vecinos, a la gente que los rodea actualmente.

Nosotros tuvimos la oportunidad de conocerlos muy de cerca y escuchar con detalle, en varias ocasiones, el relato que aquí les presentamos. Podríamos pensar que se trató de un acto de fe, que se trató de sugestión y casualidades, de que toda esta clase de sucesos se encuentra en un rincón de nuestra misteriosa mente, pero que curiosamente (la imagen) quedó plasmada durante la curación como testimonio en varias fotografías.

Y así podríamos seguir buscando justificantes cuando podría ser más fácil creer y atribuírselo a que todo se debió a la intervención de la Santísima Muerte...

El vaso con el misterioso icono,
¿la Santa Muerte?

Acercamiento a la membrana del huevo
donde se aprecia la extraña imagen.

El curandero sostiene en su mano
la señal que se solicitó.

Aquí podemos apreciar la foto del vaso
con agua y una figura de la Santa Muerte.

¿Tú también tienes un espejo en tu casa?

Santiago es el nombre ficticio del protagonista de un hecho real. Una noche se puso a platicar con uno de sus amigos de cosas del más allá. Cada uno sacaba a relucir sus mejores historias de espantos.

Santiago y su amigo no viven en un lugar grande, es un pueblo chico, donde todo mundo se entera de las cosas que se suceden en el pueblo.

Las historias de misterio, no se sabe por qué se dan más fácilmente en la provincia. Pienso que es debido a la comunicación que hay entre los habitantes de estos lugares, pues cuando pasa algo medio raro y misterioso, aquel hecho se convierte en una leyenda del pueblo.

Pero volviendo a nuestro relato, Santiago platicó a su amigo las mejores historias de aquel pueblo. Sin que ellos se dieran cuenta, pasaron horas narrando esas experiencias llenas de misterio hasta que les dieron las *fatídicas* "12 de la noche", y cuando se encontraban en lo más emocionante de aquella noche llena de historias de fantasmas y espectros, de pronto le dijo Santiago a su amigo:

—¿Ya viste quién se reflejó en el espejo?

—¿Quién?—, preguntó el amigo.

—Nada menos que la señora Sandra, que vive a una cuadra de aquí, y que hace poco murió.

Para colmo de males Santiago le volvió a decir a su amigo, pero ya muy asustado:

—Otra vez se reflejó la señora Sandra en el espejo.

Como una maldición, después de observar esto Santiago, la puerta de la habitación donde se encontraban, se azotó sin motivo aparente.

Santiago se despidió enseguida y se fue caminando rápido a su casa. Él dice que no sabe si fue por el miedo de lo que pasó, pero que en el trayecto de la casa de su amigo a la de él, sintió que alguien venía atrás de él. Dice que nunca tuvo el valor para voltear y ver si ese alguien lo venía siguiendo realmente.

(Aclaración: la presencia de la señora Sandra reflejada en aquel espejo, sólo la vio Santiago, quiero decir que Santiago es una persona muy sensible a los fenómenos paranormales, eso me lo dijo su hermana, aparte de que yo lo conozco a él)

Lector, ahora yo le pregunto: ¿Cuando usted se ve en el espejo refleja siempre nada más su imagen? ¡Que disfrute sus espejos!

El paciente "gruñón" regresó a despedirse

El siguiente relato tuvo como escenario uno de los consultorios particulares de una prestigiosa institución bancaria, la cual ofrece servicio médico particular a sus empleados activos y jubilados.

La doctora Dora, cardióloga, es la encargada del área de atención a pacientes con problemas del corazón, muchos de los cuales son personas de edad avanzada que se encuentran ya jubiladas y que suelen acudir a visitarla con cierta regularidad para que se les haga el chequeo correspondiente.

La doctora nos informa que entre sus pacientes había uno, don Octavio, que nunca podía pasar desapercibido porque siempre llegaba de mal humor y se quejaba constantemente de que tenía que esperar demasiado tiempo para que lo atendieran. Era el típico hombre mayor de 70 años, corpulento, de voz grave y tono fuerte, al que todo le parece mal. Por más que se le atendía con esmero y amabilidad, siempre encontraba algo qué criticar, olvidándose de todos los aspectos positivos que tenía la atención de aquella doctora en particular y de su personal auxiliar.

Cierto día, luego de transcurrido un tiempo prolongado de no acudir a su chequeo, este hombre llegó al consultorio y le preguntó a la enfermera —en un tono amable que la empleada no podía creer— que si podía pasar a ver a la doctora. La asistente médica sabía que la agenda estaba llena, pero conociendo los arrebatos de aquel hombre decidió revisar la libreta de citas, pero como confirmó que ya no tenía lugar para ese día, le dijo que sólo podría darle cita para la semana siguiente.

Esperando los acostumbrados aspavientos y escándalos del paciente, la enfermera quedó boquiabierta cuando aquel hombre le respondió con una sonrisa, y en tono inusualmente suplicante, le afirmó que sólo quería hacer una pregunta rápida a la doctora, que no le quitaría mucho tiempo. La enfermera accedió ante tanta amabilidad diciéndole que lo único que podía hacer era consultarlo con la doctora cuando terminara la consulta que en ese momento estaba atendiendo, y que tal vez entonces podría pasar a verla.

Don Octavio aceptó dejando entrever en su expresión cierto alivio y sin lamentarse, como era común en él, de que se le hacía esperar mucho tiempo. Tardó en pasar al consultorio poco más de una hora, y cuando lo hizo, mostraba una amplia sonrisa dibujada en el rostro.

Cuenta la doctora Dora que el comportamiento de aquel individuo fue totalmente diferente al de las anteriores visitas, ya que se mostró sumamente amable y le expresó su agradecimiento por haberlo tolerado durante tantos años de visitas llenas de quejas y gruñidos.

Este hecho, desde luego, sorprendió tanto a la enfermera como a la doctora pero no lo comentaron entre sí.

Varios días después, acudió al consultorio otro paciente que era amigo de don Octavio y la doctora le preguntó por él, comentándole que días atrás había pasado exclusivamente a saludarla. Con mucha sorpresa respondió don Julio:

—¡Pero eso no es posible! ¿Está usted segura de que era Octavio, mi amigo de tantos años?

La doctora le aseguró que se trataba de él y que incluso la enfermera podía confirmarlo.

Don Julio le informó a la doctora Dora que don Octavio había fallecido tres meses antes.

Como buena científica la doctora dudó de la palabra de aquel paciente y, una vez que hubo terminado de atenderlo, llamó al Departamento de Vigencia de Derechos del Banco para preguntar sobre el señor Octavio. Ahí le informaron que esa persona había sido dada de baja por defunción.

Seguramente usted, amable lector, habrá conocido u oído de algún caso donde los difuntos regresan a este plano para concluir algo pendiente o expresar agradecimiento a alguno de sus seres queridos. En este caso, don Octavio nos da testimonio de que la vida después de la vida existe, o ¿no lo cree usted así?

Entre la vida y la muerte

La historia que está por comenzar, es un hecho real, relatado por una amiga de mi esposa, quien ha pedido guardar anonimato, y por respeto a esa petición, los nombres, así como la reconstrucción de algunos hechos, fueron cambiados.

La casa en Ciudad Satélite luce como todas las demás si se contempla de día, cuando oscurece y el silencio se vuelve más profundo, regresa a su misterioso e incomprensible pasado. Por sus pasillos se juega a las canicas y se ve vagar a seres que no han encontrado el descanso eterno. A todos ellos les llamamos fantasmas y a sus visitas apariciones.

Corría el año de 1970, cuando la señora Norma y su esposo Rogelio decidieron comprar una casa que se ajustara a sus necesidades y las de sus hijas, Rosa de cuatro años y Beatriz de tres. La pareja pensó en una buena ubicación, cerca de las escuelas y del trabajo. Sin embargo, nunca imaginaron el secreto que guardaba la casa elegida y lo que sus pasillos encerraban.

Los primeros meses vivieron tranquilos, pero una noche silenciosa algo llamó su atención: Pasaba la media noche,de pronto se escuchó el caer de unas canicas por las escaleras, suceso que extrañó porque no existían, sin embargo, al salir al pasillo el ruido cesó, por tal motivo no le tomaron importancia, creyeron que era su vecina o tal vez producto de su imaginación.

Pasaron algunos días, y cuando todo se creía olvidado, sucedió algo aún más confuso: Rogelio se encontraba en una de las habitaciones, mientras que Norma acomodaba la ropa de sus hijas en los cajones, cuando un ruido llamó su atención al percibir que debajo de su cama se movía una "nica", como si alguien la jalara al otro extremo. Molesta porque pensaba que era una broma fue a reclamarle a su esposo, y cuál sería su sorpresa al ver que él se encontraba dormido.

Al día siguiente sucedió lo mismo; esta vez Rogelio trató de darle una explicación lógica, pensando en la posibilidad de que era un ratón y era éste quien movía la "nica" de un lugar a otro. Al momento de levantarla se dio cuenta que no había nada, el asombro y la preocupación fue mayor.

Habían pasado tres años desde su llegada y la situación no parecía mejorar, por el contrario, hechos más extraños como apagar las luces, olores desagradables provenientes de la cocina, risas en la recámara se hicieron más frecuentes.

Un incidente que todavía recuerdan sucedió una noche cuando el reloj marcaba casi las dos de la mañana. Su hija Beatriz de seis años despertó llorando y con gritos de angustia repetía: "Acaban de matar a mis papás"; desconcertados le explicaron que eso no podía ser, pues estaban vivos, a lo que la niña respondió negativamente.

Transcurrieron los días y cada noche a la misma hora se repetían los sucesos, hasta que tomaron la decisión de simular un velorio. Así pues, durante una semana, a las siete de la noche, se rezaba el Rosario. Fue al noveno día cuando la niña dejó de tener pesadillas.

Años más tarde, un hecho trágico marcó sus vidas para siempre. Rogelio fallecido víctima de un asalto cerca de su trabajo. Posteriormente Rosa, la hija mayor, se casaría con Armando, con quien tendría dos hijas, Verónica que actualmente tiene 14 años y Claudia de 10. Todos vivirían en la misma casa.

Durante los siguientes años, no sólo los ruidos o sucesos extraños se harían presentes y pasaría lo mismo con las apariciones que buscan ayuda o perdón, o son simplemente almas en pena.

En una ocasión Verónica volteó hacia las escaleras movida por una extraña sensación. Al mirar vio a una niña de cuatro años aproximadamente, con un expresión en el rostro de una ternura impresionante; parecía una muñequita, con sus caireles al hombro y su vestido ampón color naranja. Fue tal la impresión y el desconcierto que no pudo ver lo que sucedió momentos después.

Días más tarde, al entrar al comedor, alcanzó a ver a una singular mujer de espaldas, vestida de negro, llorando y señalando hacia la cocina.

Tales acontecimientos, aunados a las experiencias ya vividas por la familia, orilló a Norma a tomar la decisión de mandar bendecir nuevamente la casa. Buscaron al padre Miguel y le explicaron todo lo sucedido, pero como es de suponerse el padre no les creyó, sin embargo, su vocación religiosa lo obligó a aceptar.

El sacerdote llegó a bendecir la propiedad como a las 12 del día y comenzó a rezar por las ánimas perdidas que se encontraban en la casa. Durante la bendición no se presentó nada extraño, así que pensaron que esa noche iban a dormir tranquilos, la bendición y el agua bendita los protegería.

Esa noche cuando estaban cenando se escuchó de manera muy clara el ruido de cristales rotos. Lo primero que pensaron fue que se habían metido para robarles, por lo que se armaron de valor y subieron, pero como era costumbre no había nada. Más tarde Norma estaba en el baño y escuchó un grito fuerte y directo que le ordenaba salir y no era la voz de su difunto esposo.

Al mes de lo sucedido, Rosa y su esposo Armando estaban en la cocina, cuando salió del horno un olor a podrido, hecho que Rosa tomó como un mal presentimiento, así que le pidió a Armando que fuera al taller, porque de seguro algo malo pasaba. En efecto, su perro se había ahorcado y no encontraron una explicación lógica.

Esa misma tarde su vecina María los fue a visitar para pedirles que no lavaran los trastes a las dos de la mañana, que no movieran de lugar las cosas porque no la dejaban dormir.

Como es de suponerse ella no sabía lo que sucedía, así que le comentaron los extraños sucesos que les habían ocurrido desde su llegada. María platicó algo similar, pues en su casa dijo, "a veces aparece un señor en la mesa o en el baño y al cabo de segundos se va".

El doctor Méndez dice que esto era un panteón, dijo María, pero yo me acuerdo que mi abuela Martina nos contó otra historia. Decía que esto era una hacienda y se llamaba Los Girasoles...

"Don Ignacio Gómez llegó a la ciudad procedente del Puerto de Veracruz, con su esposa Josefina y su pequeña Cristina de 4 años de edad. Vino a tomar posesión de las tierras heredadas por su padre Arcadio Gómez, un viejo patriarca de la zona.

"A su llegada, don Ignacio Gómez y su familia no fueron muy bien recibidos por los habitantes debido a que su padre había traído la desgracia al pueblo al despojar a los campesinos de las tierras de una manera tramposa y robándoles el ganado a otros.

"Ignacio Gómez pasó una noche en una de las posadas para descansar del largo viaje y ordenar algunos de los papeles para el traslado a su nueva casa. Al día siguiente, muy temprano, mandó llamar un carruaje para que se encargara de conducirlos. El cochero se alejó rápidamente del lugar, dejando sus maletas de manera despectiva en el suelo.

"La sorpresa para la familia fue enorme y a la vez desoladora. La hacienda Los Girasoles se hallaba en ruinas, las tierras estaban secas; daba la impresión que no había sido habitada en mucho tiempo.

"Doña Josefina tomó de la mano a su hija Cristina y le comunicó a su esposo su inquietud. Tenía un mal presentimiento. Para la familia no era un secreto que Arcadio Gómez era un tramposo y que engañó a la gente para quitarles sus tierras.

"Pero no había nada qué decir, cuando don Ignacio se proponía algo, lo conseguía. Era un hombre distinto a su padre, honesto, dispuesto siempre a ayudar, pero también de carácter firme. Confiaba en que levantaría el lugar con un poco de esfuerzo porque al fin y al cabo era lo único que tenía.

"El día transcurrió sin novedad, así que don Ignacio trajo leña para hacer fuego, mientras su esposa preparaba algo de comer. Después se puso a buscar algún rincón donde pasar la noche y proteger a su familia. ¡Mañana Dios dirá!, se repetía.

"Al amanecer, don Ignacio emprendió la búsqueda de trabajadores para levantar la casa y labrar la tierra; indios y mestizos acudían al lugar, pero cuando se enteraban que era la hacienda Los Girasoles y que él era el hijo de don Arcadio Gómez rechazaban la oferta aunque la paga fuera considerable.

"Desconcertado por la reacción de los habitantes se dirigió a la cantina para tomar un tequila y olvidarse de sus problemas. Pasaron las horas y el cantinero José con una mirada fría y despectiva se le acercó:

—¿Conoce el origen de Los Girasoles?— le preguntó.

—No. Sólo me dijeron que era mi herencia, que eran las tierras que mi padre trabajó y que a su muerte pasaron a mis manos.

—Ay, hijo, por lo visto no sabes o no quieres saber la verdad— dijo el cantinero.

—¿Qué debo saber?— preguntó don Ignacio con los ojos intrigados.

Con un suspiro profundo y prolongado el hombre continuó...

—Don Arcadio, tu padre, logró hacer una cuantiosa fortuna por estos rumbos. Pronto se adueñó de casas lujosas, tierras fértiles y el mejor ganado. Poco tiempo después utilizó su dinero en el negocio de la usura, y la explotación de las tierras y de los campesinos. La gente lo visitaba con frecuencia al no contar con otra salida a sus problemas económicos. Como era obvio no alcanzaban a pagarle en el plazo acordado, así que iba a sus propiedades donde cometía violaciones, los corría como si fueran delincuentes y los dejaba en la calle. Originalmente —la vecina María continuó su relato— la hacienda Los Girasoles pertenecía a don Juan, uno de los hombres más nobles que he conocido. Por el rumbo todos lo queríamos, tenía problemas económicos muy fuertes, pues su cosecha se había perdido el año anterior a causa de las lluvias, por lo que acudió a Don Arcadio para solicitarle un préstamo de dinero que pagaría un año después.

"Este fue uno de los tratos más deshonestos que se habían pactado, porque la hacienda valía el triple del préstamo con sus intereses. Recuerdo que ese año fue muy difícil para don Juan, pues estaba lleno de deudas y carencias, había tenido que despedir a la mayor parte de su servidumbre. Y su peor problema era su esposa Carmela, una mujer muy hermosa pero fría y ambiciosa.

"El día llegó, como es de suponer, y don Juan no pagó la deuda, así que fue despojado de sus tierras. Su esposa Carmela lo abandonó, a los pocos días se fue con tu padre. Poco se supo de Don Juan, que juró regresar y tomar venganza.

"En esos momentos don Ignacio entendió todo el desprecio y el miedo del pueblo, la deshonra de su familia y el sufrimiento de su madre que tenía poco de haber fallecido. Tomó el último sorbo que le quedaba y salió de la cantina.

"Al día siguiente, el dueño de la propiedad empezó a trabajar con empeño, dedicación y la fuerza que lo caracterizaba. Con la ayuda de su esposa y un caballo que logró conseguir, labró, sembró y reconstruyó su casa, la cual lucía hermosa, asimismo los campos estaban frescos y tranquilos. Pese a ello el temor de Josefina seguía latente.

"Reconstruida la hacienda, don Ignacio tenía que volver a Veracruz, y así que se lo comunicó a su esposa durante la cena. Ella se mostró renuente, de hecho le pedía la llevara con él, pero su estado financiero no se lo permitía, pues quedaba poco dinero y los alimentos se acababan. Le prometió regresar en dos días, sólo dos largos y temibles días.

"Al amanecer, don Ignacio partió, llorando, su esposa se despidió de él como si no lo fuera a volver a ver, pues tenía un presentimiento, pero debía ser fuerte porque tenía que cuidar a su pequeña Cristina.

"Aquella noche la oscuridad cubría el brillo de la luna y de las estrellas, sólo se escuchaban las gotas de lluvia cayendo en el techo, y en los charcos de agua. El viento soplaba de un lugar a otro, y pasada la media noche se tranquilizó, sin embargo, Josefina no podía conciliar el sueño, se movía de un lugar a otro, sólo deseaba que amaneciera.

"Su pequeña hija se había levantado y le pidió un vaso con leche, en esos instantes el viento volvió a soplar con más fuerza, estaba furioso, parecía como si gritara algo y lo hacía cada vez con mayor intensidad.

"La ventana de su comedor se abría de par en par empujada por el viento. ¡Dios Santo!, gritaba Josefina mientras abrazaba fuertemente a su hija. Apenas pudo levantar la cara tras la ceguera que le causaba el polvo, pero alcanzó a ver a un hombre, con marcas en la cara que parecía un mendigo, y que vio que en su mano traía un machete.

"El hombre se acercaba poco a poco a ellas, —¡Por favor señor; llévese lo que quiera, pero no nos haga nada, se lo suplico!— gritaba la mujer. El hombre reflejaba en sus ojos odio y rencor. —¡ Yo no quiero nada, sólo venganza!— Los gritos fueron acallados por los relámpagos y la fuerza de la lluvia.

"Amaneció, el sol comenzó su ascenso, sólo quedaban algunos estragos de la noche anterior:

puentes, casas, caminos destruidos. Ya casi atardecía cuando don Ignacio llegó, el panorama era desolador, su casa estaba destruida. Gritó, buscó por horas a su esposa e hija sin éxito alguno, y con la esperanza de encontrarlas en alguna posada, regresó al pueblo, pero nadie sabía de ellas.

"En su cabeza pasaba una idea tras otra; tenía que haber una explicación, alguien debió haberlas visto. Conforme pasó el tiempo, la tristeza y la desesperación lo embargaron, y se refugió en el alcohol. En una ocasión estaba en su casa y en esos momentos sintió la presencia de alguien como si lo estuvieran llamando y con una luz intensa vio que Josefina y Cristina se veían distantes, más blancas, frías, no tocaban el piso. Él creyó que era efectos del alcohol y no le dio importancia.

"Sucesos extraños le empezaron a ocurrir en especial en la cocina, ruidos, olores, risas, llantos, pensó que se estaba volviendo loco y decidió regresar a Veracruz. Esa misma noche, empacó algo de ropa, tomó la botella de tequila y caminó por largas horas hasta perderse en la oscuridad y el silencio..."

Al terminar María su relato, un largo y profundo silencio reinó en la estancia, pero esa tranquilidad fue interrumpida cuando Verónica bajó las escaleras gritando que en el espejo de su recámara apareció la cara de un hombre de cabello negro, con la barba crecida, cortadas, de tez blanca, y ojos negros. Su aspecto era de enojo. Trataron de tranquilizarla pero minutos después se escuchó una explosión en la cocina, el vidrio del horno de la estufa se hizo añicos y por más de quince minutos estuvo tronando.

El asombro y la falta de una explicación coherente se hizo presente. Nadie entendía, pero tampoco querían saber. Enseguida el sentimiento de abandonar la casa se hizo más fuerte pero no era posible, ése era su hogar y lo había sido por varios años.

A los pocos días Rosa estaba en la cocina, y nuevamente los olores desagradables se hicieron presentes. En ese instante se armó de valor y gritó: "¿Quién eres? ¿Qué quieres? ¿Cómo te podemos ayudar?", pero cuando sintió que le empezaban a susurrar algo al oído, en ese momento entró Verónica a la cocina, y no entendió nada. Rosa lloró por largas horas tratando de buscar una respuesta. Ese alguien tal vez quería pedir ayuda, un favor o ser perdonado, o tal vez no sabía que estaba muerto.

Han seguido ocurriendo los extraños sucesos, el último del que se ha tenido conocimiento fue con el anillo de Rosa, un regalo de su ex marido. Cuenta que una tarde nublada se encontraba en la sala de su casa ojeando una revista, y de repente sintió punzadas en su dedo anular izquierdo, al ver, se dio cuenta que su anillo le apretaba cada vez con mayor intensidad, y cuando por fin logró sacarlo, estaba completamente doblado. Pareciera que el anillo hubiera percibido el misterio que encierra la casa y adivinara su secreto.

En fin, así es la ciudad cuando anochece, solitaria, fría, oscura, aterradora dando vida a las historias menos comprensibles y escalofriantes que se relatan, historias donde se traspasa el umbral entre la vida y la muerte para pedir ayuda o cumplir un castigo por el resto de la eternidad.

Amable lector, posiblemente usted tenga conocimiento o haya escuchado historias similares a ésta en construcciones como edificios, casas o monumentos históricos que ocultan un pasado, y donde las *Almas* no han encontrado el descanso eterno.

Hay seres que no saludan a la medianoche

Resulta que en una ocasión al señor Jesús se le hizo tarde para llegar a su casa, ya que en los años 40, él era Inspector de Espectáculos, que en aquella época dependían del Departamento Central. El trabajo del señor Jesús consistía en visitar algunos de los teatros de revista, para supervisar que todo se encontrara dentro de las normas de trabajo correspondientes. En ocasiones, por ser espectáculos nocturnos, las funciones terminaban ya muy adentrada la noche.

Entre otros teatros le tocaba supervisar el "Teatro Iris", ahora llamado "Teatro de la Ciudad"; la estrella en ese lugar era nada menos que don

Mario Moreno "Cantinflas", con este personaje al frente del cartel, por lógica las funciones eran exitosas, pero también muy prolongadas, razón por la cual, a don Jesús la madrugada le sorprendía todavía trabajando.

Don Jesús tenía un amigo de nombre Héctor Ortega que era uno de los encargados de recoger los boletos allí, en el teatro Iris. Héctor era hijo del Intendente de la Secretaría de Comunicaciones y Obras Públicas (edificio que hasta la fecha existe y lleva ese mismo nombre, y que se encuentra ubicado en las calles de Tacuba, en el Distrito Federal, capital de la República Mexicana).

Como el domicilio de don Jesús en aquel tiempo estaba en la colonia Guerrero, y él se desocupaba muy tarde para regresar a dormir a su casa, ocasionalmente Héctor lo invitaba a que se quedara en su departamento, el cual se encontraba en la azotea de la Secretaría antes mencionada.

Así pues, una de esas madrugadas le dijo:

—Ya es tarde. para qué te vas a exponer en ir a pie hasta tu casa; mejor vámonos... Te invito a pasar lo que queda de la noche en el departamento de mis papás. Ahí hay teléfono y puedes avisar que te vas a quedar con nosotros. ¿Qué te parece?

—Está bien, acepto— contestó el señor Jesús agradecido.

El señor Jesús, cuando joven,
fue partícipe de este caso y del
que a continuación se leerá.

Y se fueron caminando los dos como a eso de las dos de la madrugada. Del Teatro Iris al edificio de la Secretaría de Comunicaciones hay unas cuantas cuadras, y ya cuando van dos da menos miedo que cuando va uno solo.

Hasta aquí todo iba bien —lo interesante es lo que pasó enseguida. Cuando ellos llegaron al edificio, a la entrada principal del mismo (que era por la calle de Tacuba), por ser un edificio gubernamental, siempre se encontraban policías, soldados y hasta bomberos resguardando aquellas oficinas de gobierno.

Héctor y el señor Jesús saludaron a los vigilantes y entraron al edificio, subieron las escaleras, y se dirigieron a donde el papá de Héctor siempre dejaba las llaves del elevador para poder subir al departamento. Pues resulta que las llaves no estaban en su lugar. Van al elevador y lo encuentran cerrado. Después Héctor sale, les pregunta a los cuidadores si su papá les dejó con ellos las llaves del elevador, y ellos le respoden negativamente.

Bajo estas circunstancias Héctor le dice a Jesús que no hay de otra, que tienen que subir por las escaleras. Cuando empiezan a subir las escaleras eran como las 2:45 de la madrugada; al llegar al segundo piso, vieron sentada en uno de los escalones "a una persona" a la que no se le veía el rostro, pues se tapada con una capa de los pies hasta la cabeza. En la parte de arriba, sobre la cabeza se le veía una gorra como de cartero. Como ese "ser" se encontraba pegado al barandal de la escalera, tuvieron que darle la vuelta, para no tropezarse con "él".

Héctor le preguntó a Jesús que si se fijó quién era. Al voltear los dos para ver quién era, en fracciones de segundo, ¡oh, sorpresa!, resulta que ya no había... NADIE.

Como el señor Jesús y Héctor no escucharon que alguien bajara las escaleras, esto les llamó todavía más la atención, y les dio miedo aquel hecho. Bajaron y les preguntaron a los guardias de la entrada que si alguien había bajado las escaleras; para espanto de ellos, les dijeron:

—No joven Héctor, nadie ha entrado ni ha bajado las escaleras... salvo... ustedes.

Esto podría ser producto de la mente, ¿pero de dos?...

El archivo de la SCOP de los años 40, tiene su historia

En aquellos años —los 40—, para entrar a los archivos de la Secretaría ya mencionada, era una verdadera odisea. Se necesitaba permiso del jefe de mesa, del jefe del departamento y del jefe de la intendencia. Después de que firmaban todos estos jefes, la persona se dirigía al encargado para que le permitiera entrar al archivo a sacar los papeles que fuesen necesarios. Así que entrar a ese lugar no era nada fácil.

El interior de las oficinas era muy obscuro; las gavetas se encontraban dispuestas a ambos lados, y para romper con aquella boca de lobo, los focos tenían colgando un hilito que se jalaba para prender la luz.

En una ocasión, a las afueras del archivo, cuenta el señor Jesús, había un amontonadero de gente. Al ver aquello, "también uno se acercó para ver qué es lo que pasaba", es más, había gente hasta en la calle.

Todo mundo se preguntaba, ¿qué era lo que estaba pasando?, y dice el señor Jesús que los enteraron de que en el interior de los archivos había una mujer muerta, y que se notaba que alguien la había matado.

La gente que resguardaba el edificio y el archivo, entró de inmediato a ver si había algún animal. Pensaron que se trataba de un león o un tigre, o algún otro animal con garras, porque la ropa de aquella mujer estaba desgarrada y llena de sangre. Su cuerpo indicaba que había sido rasguñado por un ser o animal con garras

El caso fue tan sonado, que salió en los periódicos de la época.

unos días después de la desgracia de aquella mujer, entró a ese mismo archivo un señor. Él cuenta que cuando estaba por sacar unos papeles de los archiveros, sintió un frío muy extraño que le recorría la espalda y volteó para ver de qué se trataba. En ese momento, sintió que alguien le tiraba un zarpazo al pecho, le rasgaba la camisa alcanzándole a arañar la piel. Con el susto no se detuvo para ver quién era, tan solo salió corriendo como loco, y muerto del susto. A las personas encargadas de aquel lugar les informó lo que le había pasado. De inmediato entraron a revisar el lugar, pero no encontraron a nadie, igual que en el otro caso.

El edificio de esta Secretaría, como nos damos cuenta, encierra varios misterios. Si usted piensa que las historias que acabo de transcribir son hechos difíciles de creer, lo invito a pasar una que otra noche allí. Si va, le deseo mucha suerte.

Yo no voy porque estoy muy ocupado.

'Secretaría de Comunicaciones y Obras Públicas', en la actualidad llamado 'Museo de Arte'.

Cuando tome un café turco, si llega una "gitana", ¡mejor esconda su taza!

En un día común y corriente, las personas salen de trabajar, y sin otra cosa qué hacer, dicen: "Tomaré una taza de café con mis compañeros de trabajo".

Fue justamente lo que hizo el señor Varela cuando salió de su trabajo que se encontraba por el monumento a la Revolución, en el Distrito Federal, para ser más exacto en la calle de Vallarta No. 1, noveno piso. Tomó la decisión de encontrarse con sus compañeros en el café "La Lira".

Ya en el café, para no variar, pidió lo de siempre: un rico y sabroso café turco. Cuando el señor Varela y los demás amigos se encontraban en amena charla, entró una "gitana", se dirigió a ellos, y comenzó a preguntar que quién deseaba que le leyera el café. La mayoría de ellos empezaron a vacilar a la gitana. Como al señor Varela no le hizo sentir bien aquella actitud de sus compañeros, dijo a la gitana: "a ver, venga, lea mi café".

La gitana tomó la taza, la volteó para vaciar el asiento del café sobre la mesa, observó el fondo de la taza, y le dijo al señor Varela:

—¿Ve esa línea que hay entre el café?

—Sí— respondió el señor Varela.

—Eso indica que usted va a viajar, que va a cambiar su lugar de residencia. los granos que ve aquí, indican que su situación económica va a mejorar...

—¿Cambiar de residencia?— dijo Varela—. Ni de chiste; ya juré que no voy a abandonar el Distrito federal.

La gitana volvió a explicarle lo que vio en un principio, y le recalcó que iba a residir en otro lugar diferente al actual.

Después, la mujer se le quedó viendo fijamente al señor Varela, y le mencionó:

—Tú estás esperando un hijo, pero quieres una hija.

Él le aclaró que, efectivamente, tenía cuatro hijos, y que quería una niña.

La gitana le aseguró que iba a tener una hija. Él le contestó que eso era difícil. Pero ella insistió:

—Mira— le dijo —fíjate en el residuo, se ve una muñequita y eso quiere decir que va ser una niñita.

Al contarme el señor Varela su experiencia me dijo:

—Mire señor Paco, curiosamente en aquel residuo se veía una figura como muñequita, con sus piernitas abiertas y su pelo largo, y la gitana me decía que mirara, que esa era mi hija. Entonces le dije a aquella mujer con cierta incredulidad, que era bueno que fuera una niñita.

Después de haberle leído todo esto en el café, la gitana le preguntó al señor Varela si deseaba que le siguiera leyendo él café, pero él le dijo que no, y le preguntó que cuánto le debía. La gitana le dijo cuánto, él le pagó, y hasta allí las cosas. Después de esto todos se despidieron, y cada quien se fue para su casa.

El suceso aconteció en el mes de noviembre de 1957. Al día siguiente, cuando llegó el señor Varela a su trabajo,uno de sus compañeros le avisó que el señor Adame quería hablar con él.

De inmediato Varela se presentó con el señor Adame para saber qué necesitaban de él. El señor Adame le informó que el señor Stinger quería hablarle. Y cuando sus dos jefes, Adame y Stinger platicaban con él, le ofrecieron un trabajo, pero era necesario cambiar de residencia, ya que tenía que irse a Monterrey para abrir allá una oficina, gozando obviamente de más ventajas económicas. Le dijeron que lo pensara y que luego les diera una respuesta.

El señor Varela, cuando llegó a su casa le platicó a su esposa del ofrecimiento que le hicieron en su trabajo.

Ella le recordó que pronto daría luz, pues su embarazo se encontraba ya en los últimos meses, y él le dijo que eso no era problema, porque el ofrecimiento en caso de aceptarlo, tardaría unos meses.

Total ella aceptó diciéndole: "a donde tú vayas, yo voy".

El señor Varela aceptó el ofrecimiento. A los cuantos meses su esposa dio luz, atención: "...a una niñita"; el señor Varela, "cambió de residencia", y por último, "su situación económica mejoró notablemente".

Como dice el señor Varela:

—Paco, todo lo que me dijo aquella gitana, salió cierto. Además la mujer sabía que mi esposa se encontraba embarazada, y ahora me pregunto, ¿cómo supo, que yo deseaba que mi esposa diera luz a una niña?

Ahora yo, Paco —el que transcribe esta historia— me cuestiono: ¿Cuando van acontecer cosas "positivas" en nuestra "vida", ÉL transformará a un "SER" celestial en un "SER" terrenal, o se hará presente nuestro ángel custodio para darnos la buena nueva? Perdón por esta idea tan loca.

Regalos de otras dimensiones

En ocasiones, las pruebas de que nuestros seres queridos regresan del más allá se palpan con aspectos físicos que confirman, sin lugar a dudas, que existe un puente entre esas dimensiones, planos, niveles o como usted quiera referirse a ellos, donde las personas que han pasado esta vida, regresan y se dejan ver ante seres conocidos o no. La siguiente historia real nos es referida nuevamente por el doctor Jaramillo, un amigo de la familia, quien nos cuenta el hecho más insólito que ha vivido:

Hace algunos años, cuando era doctor visitador, le ocurrió que en una de sus tantas visitas domiciliarias, tocó a la puerta para atender a una paciente que trabajaba para un conocido banco comercial de la Ciudad de México. Al llegar al domicilio indicado, la puerta le fue abierta por una joven a quien, después de mostrarle su identificación, el doctor informó que el motivo de su vista era dar consulta a la señora Torres. La joven le explicó que se trataba de su mamá, pero que en ese momento se encontraba dormida porque se había sentido muy mal. Mientras esperaban a que la señora despertara, la muchacha invitó a nuestro amigo a sentarse y le ofreció un vaso de agua. En los momentos en que el facultativo tomaba el agua, la chica le advirtió sin tapujos y como si hubieran sido amigos de toda la vida, que los problemas personales por los que él estaba pasando se resolverían muy pronto y de manera satisfactoria, lo cual le causó una gran sorpresa, aunque no sin extrañarle porque efectivamente la joven le estaba hablando de cosas que realmente le estaban sucediendo.

Luego de vaticinarle lo anterior, la muchacha sacó de sus ropas una pequeña cadena y se la entregó al doctor diciéndole que era un regalo, y que por favor la usara porque era una especie de amuleto. El médico, complacido y agradecido, recibió gustoso el pequeño obsequio, sobre todo porque la joven le hizo sentir una gran paz interior.

Cuando terminó de beber su vaso de agua, ella le dijo que iba a ver si su mamá ya se había despertado, y se dirigió a la parte posterior de la casa donde estaban las recámaras. El doctor esperó varios minutos, pero como la joven no regresaba ni salía su paciente, y además tenía pendiente otra visita, se puso de pie para retirarse. En ese momento salió la madre de la muchacha que, al verlo, le preguntó sorprendida y con una mezcla de angustia y molestia: "¿Cómo entró usted?" El doctor tranquilamente le explicó que su hija le había abierto la puerta, que le había ofrecido un vaso de agua y le había obsequiado una pequeña cadena, misma que le mostró porque la había colgado de su cuello. La paciente, ahora más bien disgustada, le reclamó que se hubiera atrevido a tomar algo que no le pertenecía, pero el doctor le repitió que había sido su propia hija quien se la había dado...

Fue entonces cuando la señora Torres tomó asiento y rompió a llorar, explicándole a nuestro amigo, entre sollozos, que su hija había muerto varios meses atrás. Cuando el doctor le dijo que eso era imposible porque él había charlado con ella durante un buen rato, la mujer se levantó por un álbum de fotografías y le mostró una donde había un grupo de jovencitas, preguntándole si podía reconocer a la joven que le había abierto la puerta. El doctor la señaló sin dudarlo y... ¡efectivamente, amable lector, la señalada era la hija muerta!

Luego de reconocer a la joven en la fotografía, la anciana comentó al doctor que el día en que habían enterrado a su hija, le habían guardado en los bolsillos de su ropa aquella cadena que ahora el facultativo tenía en su poder. La mujer había imaginado que el doctor se había metido a la recámara de su hija y había tomado esa cadena, ya que ella tenía otra igual. Pero cuando la chica falleció, la mamá había dejado de usarla y la había conservado colgada de una fotografía de su hija que tenía en su recámara, donde aún se encontraba.

Pruebas físicas o regalos materiales, como el de este relato, son situaciones que suceden con cierta frecuencia y que nos llevan a pensar que, efectivamente, existen retornos fugaces de personas que han fallecido y que nos demuestran que hay vida después de la vida.

La abuelita y el oro enterrado

El siguiente relato me lo refirió una alumna de la Universidad en donde presto mis servicios profesionales, quien, enterada de mi interés por este tipo de temas, me contó lo siguiente. A ella la identificaremos como Nayeli.

"Ciertamente yo nunca había creído en fantasmas ni en cosas sobrenaturales... o tal vez prefería no creer en ellas, pero mi opinión ha cambiado y ahora estoy convencida de que sí hay algo más allá de la vida que conocemos.

"En la casa donde vivo, siempre se oyen ruidos raros, como personas que bajan las escaleras cuando no hay nadie, o bien mi perro se pone a ladrar por nada, etcétera. Ruidos que, de alguna manera, ya son familiares para mí y para mi familia y a los que ya nos hemos acostumbrado. Por otra parte, debo mencionar que la casa de al lado es la de mi abuela y mis tías, y en ella también suceden este tipo de cosas. Además, cuando uno entra, lo primero que percibe es una atmósfera de pesadez, un cierto malestar muy extraño y definitivamente incómodo, aunque también nos hemos llegado a acostumbrar.

"Desde que yo me acuerdo, entre los vecinos se ha corrido la historia de que en estas dos casas había un 'apache' que asustaba por las noches y que cuidaba 'su tesoro enterrado'. Aparte, ellos creen que fue mi papá quien encontró el dichoso tesoro y que por eso se construyeron dos casas tan grandes, lo que por supuesto nunca ocurrió.

"Yo recuerdo desde que era niña, que mi abuela tenía en su recámara las fotos de sus padres y sus siete hermanos varones (ella era la única mujer). Yo no conocí a ninguno de mis tíos abuelos, pero una vez mi abuela nos contó que todos ellos vivieron un tiempo en Celaya, Guanajuato, con sus padres, en una vecindad que era propiedad de mi bisabuelo y en la que se rentaban cuartos.

"Según ella, todos los habitantes de ese lugar decían que ahí asustaban por las noches, pero he aquí la historia que mi abuela cuenta:

Siendo ella muy pequeña, su papá encontró en su terreno oro enterrado de tiempos de la Revolución, el cual usó para comprar varias propiedades.

Sin embargo, 'casualmente' (recordemos que las 'casualidades' no existen), poco tiempo después de haber encontrado y también 'gastado' ese oro, mi bisabuelo murió, y lo mismo fue sucediendo paulatinamente con todos los integrantes varones de su familia, quienes murieron en accidentes de carretera.

"No obstante, se dice que todavía existe dinero enterrado en aquel lugar, aunque ahora el terreno es propiedad de mi papá y, cuando lo estaban arreglando, unos trabajadores que pasaron ahí la noche ya no quisieron volver porque 'los habían espantado' esa noche.

"A finales del año 2000, mi tía decidió llevar una 'bruja' a su casa porque recientemente se había sentido muy enferma, cansada y en extremo deprimida, y los médicos a los que había consultado le dijeron que no tenía nada.

"Alguien le sugirió que tal vez le estuvieran haciendo un trabajo de brujería, por lo que se puso en contacto con esta señora con 'habilidades sobrenaturales'.

"Cuando la mujer entró en la casa, lo primero que comentó fue que percibía varias presencias que rondaban la casa, algunas, quizá ya bastante viejas, incluso, de otras épocas, y que al frente de todas ellas veía a una mujer, muy ligada a la familia, que nos quería comunicar algo.

"Mi abuela murió hace ya casi cinco años. Era una persona que le tenía pánico a la muerte, por lo que nunca quiso hacer testamento pues decía que eso llamaría a la muerte. Siempre afirmó que cuando ella visitara un hospital, nunca saldría viva de él, y así fue. Esto ocasionó que dejara muchas cosas inconclusas antes de morir.

"Dos días antes de su muerte, yo la fui a visitar. Cuando llegué, un médico la estaba revisando y le decía que se encontraba perfectamente bien. Así pues, cuando me despedí de ella, casualmente le di un beso en la mejilla, lo cual era algo poco común ya que yo la veía a diario y no acostumbraba a hacerlo.

"Mis tías cuentan que la noche que internaron a mi abuela, no podía dormir porque decía que veía personas que venían por ella, y se desmayó varias veces.

"Esta 'bruja' también mencionó que mi abuela estaba muy preocupada por dos mujeres que eran parte de la familia, y describió que una de ellas estaba muy deprimida y que la otra tenía muchos problemas.

"Al platicar esto entre nuestros parientes, coincidía con lo que les estaba sucediendo a mi prima y a mi hermana. También mencionó que la presencia que ahí se percibía no podía descansar en paz porque le había faltado hacer algo en su tiempo. Le propuso a mi tía una sesión espiritista para saber qué era lo que deseaba esta persona, pero mi tía no estaba muy convencida de eso y sólo optó por mandarle decir varias misas.

"La mayor de mis tías murió de cáncer hace aproximadamente un año y medio. Como estaba peleada con mi abuela desde hacía más de 10 años e incluso con varias de sus hermanas, no quiso que ellas se enteraran de su padecimiento, decisión que todos nosotros respetamos y nos limitamos a comunicarles únicamente que estaba enferma, más nunca hablamos de la seriedad de su mal.

"El disgusto que mi tía tenía hacia su madre era tan grave que no se despidió de ella cuando murió, pero mi tío, su esposo, nos cuenta que en sus últimos momentos se sentía muy feliz porque 'su mamá estaba con ella'.

"Recuerdo que un día antes de que muriera mi tía, yo había salido a comer con mi novio, y cuando nos encontramos nos dimos cuenta de que ambos íbamos vestidos de negro totalmente y hasta comentamos que parecía que veníamos de un funeral... la hermana de mamá murió al día siguiente en la madrugada.

"Por otra parte, a la menor de las hermanas de mi mamá siempre le han gustado las muñecas y las cajas de música, y nos cuenta que la noche que murió mi tía, mientras dormía, algunas de las cajas de música comenzaron a sonar por sí solas, y cuando se enteró que su hermana había fallecido, inmediatamente supo —y nos lo comentó— que su hermana había ido a despedirse de ella con las cajas de música.

"Este tipo de sucesos son perfectamente normales en mi familia. Por ejemplo, mi mamá dice que hay ocasiones en que siente que alguien le toca la espalda cuando está volteada. Mi papá, por su parte, afirma que con cierta frecuencias ve sombras que se mueven en la casa. Yo misma he sentido varias veces que alguien se sienta en mi cama cuando estoy acostada. Todo esto, de alguna manera, son circunstancias bastantes familiares para nosotros.

"En este punto creo que es oportuno comentar que hace unos tres o cuatro años con mucha frecuencia me sucedía algo que yo siempre he creído que es sólo un sueño y que tal vez no tenga importancia.

"A mí siempre se me ha dificultado conciliar el sueño antes daba vueltas y vueltas en la cama, buscando una posición cómoda, hasta que me di cuenta que si cierro los ojos y me pongo a imaginar cosas y situaciones que me agradan, consigo dormirme. Pero en algunas ocasiones, cuando me encontraba en ese breve lapso en que no se sabe si una está dormida o despierta, sentía mi cuerpo muy ligero, como si estuviera flotando, pero a la vez, aunado a una sensación como de estar cargando algo muy pesado.

"Al percibir esto, comenzaba a mover mi cuerpo e intentaba abrir los ojos, pero... simplemente no podía, así que recordaba lo que siempre me ha dicho mi mamá: que me encomiende a Dios. Lo que hacía era rezar con todo mi corazón y con todo mi pensamiento puesto en el Creador hasta que por fin lograba abrir los ojos invadida por un enorme temor a volverme a dormir. Recuerdo que cuando me sucedía esto, yo sentía que duraba una eternidad, pero en realidad sólo habían transcurrido unos cuantos minutos. Por fortuna para mí, esto ya no me ha ocurrido desde hace algunos años".

Amigo lector, estamos seguros de que más de una vez ha escuchado a alguno de sus familiares, amigos o conocidos contar hechos similares. Circunstancias que no se pueden enmarcar dentro de lo ocasional y que no sólo se dan en familias como la de este caso, que, por sus características, ha vivido efectivamente experiencias de dimensiones desconocidas, o ¿usted qué opina?

Adiós querido abuelo

La siguiente historia está basada en un hecho real, narrado por una amiga de mi esposa que pidió guardáramos su anonimato. Por tal motivo los nombres utilizados a lo largo del relato fueron cambiados.

Un día 31 de diciembre, el reloj marcaba las doce la noche, la ciudad lucía diferente, alegre, engalanada con luces de pequeños focos que se apagaban y se prendían al compás de la música navideña. En distintos lugares familias, amigos, levantan su copa en señal de bienaventuranza, doce uvas, doce deseos llenos de fe y esperanza.

Así es el fin de año, donde de un minuto a otro se tiene la oportunidad de volver a comenzar con nuevos propósitos, promesas por cumplir y con el deseo de que el Año Nuevo va a ser mejor. Pero no todos los días 31 son así, hay unos que nos dejan marcados por recuerdos amargos y dolorosos que no podemos superar.

Eran las nueve de la mañana cuando mi hermana Camila y yo bajamos a desayunar; en ese momento mi abuela Inés despedía a mi abuelo Miguel que salía rumbo al trabajo y a recoger la parte de su aguinaldo que había quedado pendiente.

Antes de irse, mi abuelo volteó a verme y con una sonrisa me dijo: "Karen, sé que tenemos una cita pendiente, cuando llegue, jugaremos. Te lo prometo".

Si pudiera describir a mi abuelo Miguel, sólo me bastaría cerrar los ojos por unos instantes e imaginar a un señor trabajador, honrado, bueno, tierno, que busca siempre la manera de ayudar, ya sea mediante un consejo, servicio o simplemente una sonrisa. Para él, la vejez no es una cuestión de años sino de estado de ánimo.

Creo que las horas pasaron muy rápido. Mi mamá y mi abuela estaban ocupadas en la limpieza y preparando la cena de Fin de Año. Yo no les ayudé, sólo jugaba con mis muñecas en la recámara de mis abuelos, mi lugar favorito cuando me sentía sola o deseaba ocultarme de los demás.

Las horas seguían transcurriendo y todos estábamos muy preocupados por él, pues no había llamado, no sabíamos nada. De un momento a otro, de manera inexplicable, la temperatura fue descendiendo y en esos instantes sonó el teléfono. Pidieron hablar con mi abuela; al poco tiempo de contestar ella se puso pálida y soltó la bocina. Mi mamá, desesperada, gritaba: "¿Quién era? ¿Qué quería? ¿Qué está pasando?" Entre lágrimas y sollozos mi abuela alcanzó a decir: "está muerto".

El silencio fue más profundo y amargo. Él nunca volvería, estaba muerto y no se podía hacer nada. Pero la muerte es así, no respeta sexos, edades, estratos sociales, simplemente viene y se va. Para algunos es digna de solemnidad, para otros es objeto de burlas. Sin embargo, ¿cómo afrontar a la dama de negro que se lleva a nuestros seres queridos sin poderles decir adiós?

Pasaron los meses y según cuenta mi mamá, el forense reportó que mi abuelo falleció por oponerse a un asalto; unos maleantes cerca de su trabajo lo estaban esperando para robarle, mi abuelo se resistió y uno de ellos lo apuñaló. Claro, como es de imaginar, nunca encontraron a los culpables.

Durante ese tiempo yo no podía llorar sólo me embargaba la pena y la angustia de no volverlo a ver. Creo que una parte de mí estaba molesta, él no cumplió su promesa y yo lo estaba esperando.

Un día estaba jugando en la recámara de mis abuelos, cuando de repente sentí escalofríos y entró una luz extraña por la ventana que no iluminaba, pero era visible; enseguida apareció él, mi abuelo, que traspasó la barrera entre la vida y la muerte para cumplir su promesa.

Nunca me dio miedo, por el contrarió sentía una paz interna. Mi abuelo llegaba aproximadamente a las cinco de la tarde, jugábamos como una hora, reíamos y hasta creo que me hacía cosquillas.

Por más de un año fue mi secreto, nunca se lo dije a mi mamá o a mi abuela, porque a veces los adultos no entienden a los niños y piensan que inventamos o es producto de nuestra imaginación. Pero no, él era real, mi abuelo venía y jugaba conmigo.

Sin embargo, un día dejó de visitarme, al siguiente tampoco apareció, entonces entendí que él vino a cumplir su promesa, lo había hecho y por eso tenía que dejarlo ir.

Hoy es 31 de diciembre y como hace más de siete años, vengo a visitarte y a decirte adiós querido abuelo...

Buena atención para todos: ¡Hasta para ellos!

La persona que fue protagonista en la siguiente historia, es Técnico Mecánico de Aviación. Dentro de esta profesión ya tiene cerca de cuarenta años.

En uno de tantos vuelos, comenta Enrique, allá por el año 2000, venían volando en un avión Boing 747-100. El vuelo era de día, la ruta era Guadalajara-Tijuana. La línea —que por cierto, ya no existe—, era Aerolíneas Internacionales.

Enrique platica que a él en ese vuelo, como técnico mecánico de aviación, le correspondía ir en los primeros asientos de adelante. En un momento dado,se le ocurre voltear hacia la parte trasera del avión, para darse cuenta cuántos pasajeros venían en ese vuelo.

Cuando él observa a lo largo del pasillo hasta llegar a la parte de atrás, ve que en el último asiento de uno de los pasillos iba un señor, al cual no le dio importancia.

Pasados unos cuantos minutos, una de las sobrecargos, manda llamar al señor Enrique, y él se dirige a donde se encontraba la sobrecargo. La señorita le dice al señor Enrique: "la persona que venía en el asiento de hasta atrás me pidió un vaso con agua, fui a la parte delantera del avión a una de las cocinas para traérselo y —agrega— resulta que vengo a su asiento, y no veo al señor por ningún lado. Enrique, ayúdeme a buscarlo por favor".

Así lo hicieron. Ella lo buscó en los baños delanteros del avión, y el señor Enrique en los baños de la parte trasera. Recorrieron el avión asiento por asiento, (aquí viene lo más extraño), ¡el pasajero aquel no apareció más en aquél vuelo!

El señor Enrique se pregunta ahora: ¿Quién era aquel pasajero?, ¿sería alguien del más allá?. Pregunta difícil de contestar.

Cuando usted viaje en avión, si alguien pide un vaso con agua, y espera que se lo lleven, no hay problema; pero si desaparece, no se preocupe, comuníquese conmigo, para que también me cuente SU HISTORIA.

Una prueba más de que ellos... ¡sí vienen a visitarnos!

Al comenzar a relatar la siguiente historia, siento que es uno de esos casos en que los "testigos" son la pieza clave para que tenga un sustento de credibilidad, como la experiencia que ha continuación van ustedes a leer.

Por el año de 1993, un amigo de nombre Jesús, tuvo la necesidad de separase de su primera esposa, razones que solamente sabe mi amigo.

Como toda persona separada, primero se fue a un hotel, cosa que no le acomodó. Posteriormente, se fue a vivir con un pariente, donde no encontró la privacidad que él deseaba. Después habló con unas amistades, y les platicó el problema que tenía por no encontrar un lugar dónde poder vivir a gusto; éstas de inmediato le ofrecieron su domicilio, y Jesús les tomó la palabra, (pero me cuenta que poco le duró el gusto). Resulta que en esa casa que le ofrecen vivir, había una familia de siete mujeres y el papá de ellas. Me dice: "No Paco, de plano me resultó difícil vivir allí y, de plano, me di a la tarea de buscar un lugar donde pudiera vivir solo".

En su búsqueda de un lugar donde vivir, un día iba por la calle de Presidentes, en la colonia Portales, y vio que había un departamento en venta. El edificio no era moderno, pero la presencia del mismo ofrecía tranquilidad y seguridad. Habló con la persona indicada para conocer el departamento, y fue a ver que las dimensiones no fueran muy grandes, pero que cubrieran sus necesidades para vivir sin dar molestias a nadie y, sobre todo, para no batallar y andar de un lugar para otro; pero sobre todo, para sentirse libre y gozar de una privacidad tranquila. Total, con los dueños de aquel inmuble llegó a un arreglo económico, y compró el departamento.

Jesús, al tomar el departamento, comenzó a comprar determinadas cosas: muebles, una televisión de 25 pulgadas y un equipo de sonido (quiero aclarar que a Jesús le fascina la música y, entre otras cosas el rock and roll); así que esto último, para él era lo primero.

La primera semana en su nuevo domicilio —que es el departamento seis—, dijo haber descansado bastante bien. Desde luego que echaba de menos a su familia, o sea a su esposa y a su hijo. Su esposa fue su compañera durante veinte años, así que no era para menos.

Después de los primeros quince días, darían inicio los hechos sobrenaturales, las experiencias increíbles, y en su departamento comenzarían a suceder cosas "extrañas" (posiblemente que a usted lector, y a mí nos pondrían los pelos de punta, ya verán por qué).

En la primera noche de "miedo", pasó lo siguiente: Jesús, el testigo de todo esto, me dice que él no toma, no fuma, en fin que lleva una vida muy sana. (Lo anteriormente dicho tiene una razón, ya se darán cuenta del por qué).

Resulta que Jesús escuchó "a la medianoche" que alguien, en lo que es su comedor, se estaba sirviendo alguna bebida, siendo que él ni bebidas tenía, y mucho menos invitados. Se llenó de miedo, e hizo memoria de si había cerrado bien la puerta. No conocía a los vecinos, él era un recién llegado a ese lugar y poco sabía de las personas que habitaban los demás departamentos. Finalmente se armó de valor, brincó de la cama para asomarse por sorpresa a su comedor, pero resulta que no había nadie y todo se encontraba en orden.

En ese momento pensó que era posible que hubiera escuchado los ruidos de alguno de los demás departamentos.

Lo preocupante fue cuando, al tercer día, volvió a escuchar lo mismo —repito—, volvió a escuchar lo mismo, y él dice que sintió una "vibra" muy rara y se le enchinó la piel de su cuerpo ante aquello que estaba pasando. Nuevamente se llenó de valor, se asomó, y otra vez lo mismo, no ve a nadie.

A los cuantos días, se repite la misma historia. Se levanta con mucho cuidado de su cama sin hacer ruido, se asoma a la estancia, y ahora la experiencia es diferente, pues resulta algo inesperado: "ve a una pareja en su comedor (hombre y mujer, el hombre vestía un traje formal, y la mujer un traje sastre; además parecen una pareja agradable, no daban una apariencia grotesca), platicando, compartiendo una copa", Jesús menciona que lo raro del caso era que él propiamente estaba visible para ellos, pero sucedía una situación extraña, o la pareja no lo veían o bien lo ignoraban.

Al observar esa escena, Jesús se muestra más preocupado. Él mismo se pregunta, ¿y ahora qué sigue? Después de estar observando, Jesús regresa a su recámara, se acuesta, trata de dormirse, pero siente que alguien entra y se acerca hasta donde él se encuentra; él está acostado boca abajo, (aquí sucede algo desesperante), siente que alguien "lo toca", y en medio de aquella experiencia tan impactado, les dice lo siguiente: "No me importa que estén aquí en la casa, yo les pido que me dejen descansar. Por favor, déjenme descansar". Y esto parece que sirvió —dice Jesús—, porque de inmediato dejaron de molestarlo, "y se esfumó la presencia de aquellos seres".

Para conocmiento de ustedes, queridos lectores, quiero decirles que para colmo de los males, todo lo arriba platicado, siempre aconteció "después de la media noche". Prepárense amigos porque aquí no termina la historia, lo que sigue, es más impactante que lo anterior.

A las dos semanas comienza una nueva historia. Una de las noches, Jesús se mete a la cama dispuesto a descansar. A la media noche ve, en dirección donde está su televisor, mucha "luz", y de esa parte, como si hubiera una puerta, ve salir "a una mujer, vestida de blanco", de aspecto agradable. Jesús, tanto con sus ojos como con el pensamiento le decía: "Por favor, déjame en paz, no me molestes, por favor déjame en paz".

Jesús tuvo la presencia de aquel "espectro" durante unos dos minutos; la mujer desaparecía y en esos ratos Jesús dormía un poco, pero al rato la presencia de "ella", estaba otra vez allí.

Jesús aprovechó un momento de nuestra entrevista para decirme, "que él es espiritualista, no espiritista". Ante todo lo que le ha estado aconteciendo él se pregunta: "Dios mío, ¿qué está pasando aquí?"

Jesús me cuenta que debido a sus actividades, él no había tenido la oportunidad de protegerse contra estos acontecimientos, por falta de tiempo.

A los tres días, la presencia de aquella"mujer vestida de blanco", se encuentra nuevamente frente a él, pero ahora más cerca, como a un metro de su cama. (Jesús hace la aclaración que siempre las imágenes de todos ellos fueron claras).

Ante la presencia de "ella", Jesús quiere rezar una oración, pero no logra pronunciarla por el impacto de lo que está viendo; en ese momento se acuerda que tiene "agua bendita" y también un bálsamo especial para estos casos, la loción de "Los Siete Machos", que dice él, es parte de lo que se usa para las limpias o fluidos en el templo donde él concurre para sus prácticas religiosas. En esta ocasión no hubo la oportunidad de utilizar los elementos antes mencionados, por la razón que haya sido.

A los cuantos días retorna la presencia de aquella "mujer vestida de blanco", pero ahora ya como a la mitad de la cama. Cuando Jesús abre los ojos, se presenta un cuadro por demás aterrador: aquella "mujer vestida de blanco", agárrense amigos, aquella "mujer", Jesús la vio "toda ensangrentada". Él se paró de un brinco terriblemente asustado, y hasta se pegó en la pared. En uno de sus buroes había dejado sus "elementos de agua bendita, bálsamo y unas flores blancas, por si se presentaba la ocasión"; situación que así fue.

Enseguida empieza a decir a aquella "mujer del más allá": "Sabes, me estás espantando mucho, déjame hacerte unas oraciones para el descanso de tu alma. Te pido digas tu nombre, aunque no me lo menciones a mí (Jesús en ese momento trata de hacer sus oraciones, pero no logra articular palabra pues el miedo era demasiado). Por fin, logra comenzar a rezar el Padre Nuestro y otra oración. Dice Jesús que comenzó a escuchar una voz tierna, como si fuera un lamento, con mucho sufrimiento. Ese susurro de lamento, dice él, se oía muy lejano, y a la vez, aquella imagen comenzaba a retirarse y a desvanecerse.

Aquí Jesús me dice la segunda oración que pronunció ante la presencia de aquella "mujer vestida de blanco". La voy a poner tal y como el me la dijo por si en alguna ocasión les es útil:

> Luz que iluminas el solio de mi Padre Divino, ilumina las tinieblas en las que ellos se encuentran. Desde Tu Trono Supremo Señor, haz que corrijamos nuestras imperfecciones, y apiádate de los que estamos sufriendo, que todo el poder baje, y aquiete la naturaleza, y obre milagros, entre tantos que sufren.

> Dios de bondad y de clemencia, que sufriste por mortal con el sacrificio, por él la sangre darramaste, una gota de esa sangre derrama cual bálsamo sobre la gracia que quiso la humanidad.
>
> Padre amado, Supremo hacedor, que en el hueco de Tu Divina mano tienes el destino del mundo y del mortal. Con el índice, Señor, señala el bien a la humanidad, y con Tu diestra separa de ella su desgracia y su maldad.
>
> Mira Señor mis ojos llorar al ver como sufren mis hermanos, como te piden que Tu clemencia y misericordia los acompañe.
>
> Padre, Padre, extiende Tu diestra y con Tu Santo Manto, cubre a la humanidad.

Jesús me dice que después de haber dicho esta oración, él se siente ya liberado, y pronuncia otra breve oración:

> Con las facultades de Moisés, de mi Padre Jesusito, de mi Padre Elías, mi Madre Purísima, y las que me has

entregado, descorro la venda de oscuridad, y la luz te entrego, Hermana mía, para el adelanto de tu espíritu.

Después de esta oración, Jesús le pregunta a la "mujer de blanco" nuevamente su nombre, para que le aproveche la oración. Él no escucha ni de palabra ni en pensamiento su nombre; lo que sí oye, después de todo esto, fue lo dicho ya anteriormente, "un lamento con llanto, como si aquel 'ser' se encontrara muy lejos". Después de esto aquel "espectro" desapareció.

Al día siguiente, cuando Jesús llega de su trabajo ya en la noche, él hace sus oraciones, toma con unas flores Agua Bendita, rocía con el Bálsamo de los Siete Machos, y a partir de aquel momento aquellas experiencias tan impactantes, desaparecieron.

Jesús me platicó que en el departamento que él habita actualmente, vivieron por unos dias dos señoras: mamá e hija; una de ellas de nombre Ana. En una ocasión que él llegó temprano de su trabajo platicaron con él un momento y, dentro de la plática le preguntaron lo siguiente: "Oiga señor Jesús, en el departamento que usted habita, el número seis, ¿no le han pasado cosas extrañas?"

—¿Como qué?—, pregunta él.

—¿No lo han espantado?— le dicen.

—No, ¿por qué?—, responde riendo

Ellas le cuentan lo siguiente:

"Resulta que cuando nosotras llegamos a este edificio, debíamos habitar el departamento número cuatro, que es donde ahora vivimos. Pero el departamento cuatro se encontraba en malas condiciones, así que tenían que arreglarlo para que nosotros lo habitáramos. Mientras tanto nos dijeron que podíamos ocupar el departamento número seis, donde usted vive actualmente, pero francamente, allí sólo pudimos estar unos cuantos días por una razón: se nos aparecía una 'mujer vestida de blanco'. La presencia de ella era frecuente, es más, teníamos que dormir con la luz prendida, situación que no soportamos y, de plano, pedimos habitar nuestro departamento, el número cuatro, estuviera como estuviera. Por eso nuestra pregunta, ¿que si a usted no lo han espantado?"

Jesús me dijo que cuando escuchó esto se quedó frío de miedo. Como él recalcó: "Paco, lo allí visto era cierto, no era mi imaginación, fue toda una realidad".

Para confirmar más los temores de Jesús, en una ocasión, un vecino, no del edificio, sino una persona que tiene un negocio cerca del edificio, vio a Jesús lavando su auto en la calle, y se acercó a preguntarle:

—Oiga señor, ¿usted es la persona que habita el departamento número seis del edificio?"

—Sí ¿por qué?— contesta Jesús.

—Oiga usted, ¿sabe lo que pasó allí?— dice el vecino.

—No ni idea.

Entonces el señor hace el siguiente comentario:

—Resulta que allí mataron a una muchacha, ¿a usted no lo han espantado?

Jesús, de momento, sólo contesto:

—No señor.

Cuando Jesús me estaba platicando la historia, la experiencia que él tuvo, hubo momentos en que su voz le temblaba. Me decía que sólo el hecho de recordar aquello —que siempre aconteció después de la media noche—, lo ponía a él nervioso.

Hay personas que niegan la posibilidad de que los "SERES DEL MÁS ALLÁ", visiten el"MÁS ACÁ". El hecho aquí narrado siento que es un testimonio de que hay hechos inexplicables, pero "reales", que nos pone a pensar una cosa: ¡Ellos sí se presentan ante nosotros!

Así que cuando le pase algo parecido, MEJOR RECE, no vaya A SER VERDAD LO QUE USTED ESCUCHA... POR LAS NOCHES.

Hinojosa

Así se asomó Jesús para ver a los "espectrales visitantes".

La "Mujer de Blanco" salía de donde se ve la cruz.

El testigo señala el primer lugar donde vio a la "Mujer de Blanco".

Donde se encuentra el testigo, fue el último lugar donde vio de pie a la "Mujer de Blanco".

TÍTULOS DE ESTA COLECCIÓN

30,000 Nombres para Bebés. *Vivi Morales*
Ángeles, Demonios y Dioses del Nuevo Milenio. *Duquette*
Ataque a la Civilización. *Stephannie J. Clement*
Clonación ¿El Futuro de la Humanidad? *Varios*
Diccionario Gitano de los Sueños. *R. Buckland*
Diccionario Máximo de los Sueños. *E. Goldberg*
El Continente Perdido de Mu. *Col. J. Churchward*
El Mundo de los Anillos. *Lowson, Marshall y O'Brian*
El Número 13 en la Vida de los Aztecas. *Ángel Raúl López*
El Número 13 en Nuestros Días. *Ángel Raúl López*
El Otro Titán: Iván Illich. *Jorge Márquez Muñoz*
El Peregrinar de los Aztecas. *Ángel Raúl López*
El Proyecto Divino. *Robert Perala/Tony Stubbs*
El Sacerdote Sin Cabeza. Historias Reales. *Guzmán, Domínguez, Contreras*
El Sueño y sus Símbolos. *Marie Coupal*
El Temible Mal de Ojo. *M. A. Gómez Pérez*
Esoterismo. *Fortune Dion*
Fantasmas, Leyendas y Realidades. *Varios*
Fragmentos Originales del Necronomicón. *Bigliano*
Galería Extraterrestre. *C. Guzmán y F. Domínguez*
La Atlántida. *J. M. Allen*
La Santa Muerte. Historias Reales. *Domínguez, Guzmán Contreras*
Las más Famosas Leyendas de la Mitología. *R. Fox*
Las Momias Hablan. *Varios*
Las Profecías de Nostradamus
Las Profecías de Nostradamus y Diccionario
Las Profecías del ¿Juicio Final? *Varios*
Los Hijos de Mu. *Col. James Churchward*
Los Símbolos Sagrados de Mu. *Col. J. Churchward*
Los Sueños. *Morfeo*
Los OVNIs y la Aviación Mexicana. *Guzmán/Salazar*
Más Allá de lo Creíble. *Francisco Domínguez*
Origen y Significado de los Nombres Propios. *Velázquez*
Practicando Magia. *Draja Mickaharic*
Relatos Verdaderos de Fantasmas. *Varios*
Resurgimiento de Lucifer. *Gavin Baddeley*
Ritos y Mitos de la Muerte en México... *Gómez/Delgado*
San Cono: Sueños, Numerología, Oraciones y Milagros
Síndrome del Contactado. *Varios*
Tu Escritura, Quién y Cómo Eres. *Carmen Alfonso*

Impreso en Offset Libra

Francisco I. Madero 31

San Miguel Iztacalco,

México, D.F.